U0771951

商业保理
发展指南

张燕玲 ◎ 主编

中国金融出版社

责任编辑：董　飞
责任校对：刘　明
责任印制：程　颖

图书在版编目（CIP）数据

商业保理发展指南（Shangye Baoli Fazhan Zhinan）/张燕玲主编 . —北京：中国金融出版社，2017.6
ISBN 978 - 7 - 5049 - 9011 - 2

Ⅰ.①商…　Ⅱ.①张…　Ⅲ.①商业银行—商业服务—中国—指南
Ⅳ.①F832.33 - 62

中国版本图书馆 CIP 数据核字（2017）第 101086 号

出版
发行　中国金融出版社

社址　北京市丰台区益泽路 2 号
市场开发部　（010）63266347，63805472，63439533（传真）
网上书店　http://www.chinafph.com
　　　　　　（010）63286832，63365686（传真）
读者服务部　（010）66070833，62568380
邮编　100071
经销　新华书店
印刷　保利达印务有限公司
尺寸　170 毫米 × 230 毫米
印张　17
字数　186 千
版次　2017 年 6 月第 1 版
印次　2017 年 6 月第 1 次印刷
定价　58.00 元
ISBN 978 - 7 - 5049 - 9011 - 2
如出现印装错误本社负责调换　联系电话（010）63263947

序一

    1980 年，国际保理商联合会即在中国开始宣传有关保理业务对于中小企业另辟渠道获得营运资金融资的有利之处。中国银行于 1993 年加入国际保理商联合会，是中国首家会员单位，也是中国保理市场发展过程中最主要的推动者，中国交通银行于次年加入。在中国，从国家层级到地方层级召开了诸多会议，保理作为一种低风险融资方式被广为推介。在之后的 20 多年中，许多大型国有银行、区域性银行、地方性银行及商业保理公司跟随中国银行加入国际保理商联合会，共同努力、锲而不舍地支持保理业务的发展。这一努力获得了中国银行业协会的支持，2006 年，在中国银行业协会的支持下，国际保理商联合会中国各会员单位还创建了中国保理商协会，团结了所有办理保理业务的国有及股份制商业银行，在中国推动必要的司法改革，提高产品接受度，促进行业推广。综上，中国的应收账款融资对此期间全球贸易持续健康发展发挥了重要的作用。

    2000 年，国际保理商联合会在中国仅有两家会员单位，占全球会员总数不到 1%，中国保理市场业务量只有 2 亿多欧元，而全球保理市场总额为 6410 亿欧元，中国的占比不到 0.03%，占当年中国国内生产总值不到 0.1%。截至 2015 年底，国际保理商联合会在中国有近 50 家会员单位，占全球会员总数的 12%，中国保理市场业务量达 3500 亿欧元，约占全球保理市场总额 2.37 万亿欧元的 15%，占当年中国国内生产总值的 3%。中国成为全球第二大保理市场，仅次于英国。在中国，通过在国际或国内赊销贸易中获得发票融资的保理业务已经被接受为一种稳定的融资渠道，并支持了不计其数的中小型或大中型企业的持续发展壮大。可以说，中国的保理商为真实的贸易进行融资，直接映照了中国的实体经济情况。

鉴于此，作为引领并推动中国保理业务及应收账款融资发展的先行者及领路人，中国银行原副行长张燕玲女士及贸易金融部副总经理姜煦先生希望以此记录他们的真知灼见以及中国保理跨越式发展的历程。他们希望讲述保理在中国如何从一个鲜为人知的概念发展为重要的金融产品的故事。事实上，过去的 15 年，恰逢中国保理及应收账款融资业务高速发展的阶段，我相信多年以后这将被视为保理行业的黄金年代。在张燕玲女士、姜煦先生以及其他中国保理业务的先行者与国际保理商联合会共同努力下，中国保理业务在过去 15 年取得了前所未有的发展，值得我们所有人的尊重与敬佩。因此，国际保理商联合会很高兴地将这一全面且权威性的中国金融历史参考书作为 200 年保理发展历史中的另一重要基石。

我们注意到，与国际金融危机后由中国领头的两位数经济增长率相比，目前应收账款融资业务量的增速显著放缓。这部分是源于全球经济放缓带来的全球贸易下滑、大宗商品价格不振，以及外汇市场波动、发达市场零售价格及市场需求低迷带来的该地区企业的大额采购意愿下降。大宗商品价格的下降也影响了交易额，导致发票金额下降，不过2016年以来，石油及一些其他大宗商品价格下降趋势已有所放缓。尽管如此，随着更多的金融机构在恶化的财务表现中挣扎，经济增速放缓已导致融资的收缩，中小企业受到的影响尤甚。

尽管如此，随着越来越多银行及商业保理公司的加入，中国保理业务的转机已悄然发芽，对保理的兴趣正在中国复苏。回顾过去因此显得非常重要。本书真实地再现了中国保理产品走向黄金年代的重要历史事件，并记录了先行者们对中国保理事业作出的重要贡献。

Peter Mulroy

国际保理商联合会秘书长

Preface one

In 1980, FCI took its first steps in developing awareness in China about the benefits of factoring as an alternative source of working capital financing for Small to Medium Sized Enterprises (SMEs). Bank of China was a principal supporter of its early evolution and became the first member of FCI in 1993, followed in the next year by Bank of Communication. Numerous meetings took place at the State and Local level, delivering the message that factoring is a low risk form of finance. Over the course of the next 20 years, a number of state, regional and local banks and privately held commercial factors would follow the lead of Bank of China, join FCI and support the growth of factoring through hard work and perseverance. This effort was supported by the China Banking Association, and in 2006 together with all of the FCI members in China at the time created the Factors Association of China, bringing together all of the state and privately held commercial banks offering a factoring service to unite under one association, to bring needed legal reform, product acceptance, and industry promotion to China. In summary, the receivables finance industry in China during this period played an important role in the continued health and eventual growth in global trade.

Back in 2000, FCI had only two members in China, representing less than 1% of the membership, and the market generated a little over EUR 200 Million in factored volume, less than 0.03% of the global factoring market of EUR 641 Billion , and representing less than 0.1% of the total GDP in China back then. Today, FCI has nearly 50 members in China, accounting for 12% of the global membership, and generated over EUR 350 Billion in total factored volume in 2015, nearly 15% of the global factoring market of EUR 2.37 Trillion, and representing 3% of the China GDP. And China is the second largest factoring market in the world behind the United Kingdom. Factoring has been accepted in China as a stable financing alternative and has supported the growth of numerous SMEs and mid to large corporates, by financing invoices, raised through both domestic and international trade on open account credit terms to support their continued growth. You can say that factoring companies in China are a direct mirror of the real economy as it finances real trade!

It is in this vein that Madame ZHANG, previous Vice Chairman, Bank of China and Mr. Jiang XU Deputy General Manager, Bank of

China Trade Finance Division, the original pioneers who led the growth of factoring and receivables finance in mainland China and beyond, wanted to preserve their insights and record their impressions of this tremendous period of growth for the industry. And they wanted to tell their story of how this little – understood concept called factoring became a financial powerhouse in China today. In fact, the passage of these past 15 years has only underscored the significant growth of factoring and receivables finance in China to what many in the future I believe will be viewed as a golden age for our industry. They and a number of other early pioneers in China, together with FCI deserve our respect and admiration for their ambitious work, which followed 15 years of unprecedented growth. As a result, FCI is delighted to inaugurate this comprehensive and authoritative reference of financial history in China as yet another major cornerstone in the 200 year running history of the factoring story.

Today, we are certainly witnessing much slower activity in receivables finance volumes, compared to the double – digit growth experience in the years after the financial crisis, led by China. This is due in part to the economic slowdown, resulting in a softening of global trade, stagnant commodity prices and a volatile foreign exchange environment, resulting in companies in the region being more reluctant to purchase in larger quantities stemming from the decline in retail sales in the region and a lower demand in developed markets. The drop in commodity prices has also impacted volume, resulting in reduced valuation of invoices, however we have seen a reprieve in oil prices and other commodities this year. Nonetheless, the slowing economy has also resulted in a contraction in financing, which has particularly affected SMEs, as more financial institutions struggle with deteriorating financial performance within their portfolios.

Nevertheless, the seeds of change continue to sprout in China, as more and more banks and commercial factoring companies enter the industry. There is a renewed excitement in China for the service. Hence, it is important to reflect back on where everything started. This work accurately captures the historic events that have led to this golden era, and to acknowledge those pioneers' significant contributions to the industry in China.

Peter Mulroy

Secretary General, FCI

序二

　　美国的保理行业已经发展了 100 多年，从最初在欧洲国际贸易中为买卖双方提供经纪服务和仓储管理服务，到后来提供应收账款和存货的质押融资服务，逐渐演变成为当今的保理行业，保理业经历了从简单到复杂、从幼稚到成熟的过程。据国际保理商联合会的统计，2015 年美国的保理业务包括国内保理和国际保理在内总计约 1037 亿美元；而同年，中国的保理业务总计金额达到 3858 亿美元。中国的保理行业大约发端于 20 世纪 80 年代，也就是说中国保理业用 30 多年的时间，超越了美国用 100 多年时间所达到的业务量。在中国保理行业高速发展的今天，该项业务急需严谨的规范和指引，《商业保理发展指南》一书的出版可谓恰逢其时。该书荟萃了专业人士观点，从保理的历史起源到发展现状、从相关概念到管理实务操作、从国际惯例到国内法律法规、从理论讲解到案例分析，内容丰富、数据翔实，这是一部中国保理的教科书。

　　作为金融产业的一个成熟的业务，美国保理行业所处的商业环境中有完善的法律制度和丰富的周边服务。保理行业的发展带动企业诚信和信用体系的建立和完善。信用体系是一个社会网络，它带动了专业的法律顾问、会计师、审计师行业以及信用评级和其他服务业的发展。保理同业有自己的宣传平台，例如杂志、月刊；保理有自己的同业协会，在推动立法、扩大和营销保理、推广职业教育和专业教育方面都起到了重要作用。保理商的数量也逐年增加并在 2000 年后达到了市场饱和，现有 500 家左右。对保理业务的需求来自美国国内贸易的标准惯例赊销方式。在这个环境里，企业重视诚信和信用管理，通常有专职人员或是一个团队来负责审核买家的资信，以确保他们的付款能力，这是保理商提供的基本服务功能之一，显示了保理业务的市场需求。

中国的经济发展和金融业的改革创新，带动了市场对保理业务的需求。保理业务与银行贷款业务形成互补。保理产品具有极大的灵活性，它既适用于制造业企业也适用于服务业企业，既适用于大型企业也适用于小微企业。不同类型的企业，应收账款是不同的。保理商运用保理的四大功能的搭配组合，从为企业提供融资服务、应收账款管理服务、应收账款催收服务、信用担保服务中选择一项或多项做成企业满意的金融解决方案。综合金融服务功能是保理的最大亮点。在全球经济增长放缓的大环境下，企业信用风险加大，对保理的需求特别是坏账担保的需求是上升的，中国保理行业特别是商业保理的前景是广阔的，是具有持续发展的潜力的，如能借鉴国际经验和教训少走弯路则是有重大现实意义的。

中国的保理业特别是国内保理在过去的十几年来，经历了高速的发展，有很多行业内的工作要细分，人才培养要加强，信用环境有待随着社会发展和教育进步逐渐形成和完善。本书作者有深厚的理论基础和扎实的实务经验，为保理的同业和监管机构提供了资料参考和业务指引。我在美国保理行业工作期间，同多国在国际保理方面合作了近20年，目睹了在原中国银行副行长张燕玲的领导和具体指导下，中国银行积极尝试新的业务品种，作为国内最早开办国际保理业务的银行之一，保理业务迅速增长并得到可喜的进展，业务量领军中国保理同业多年，同时位列国际保理同业前茅。相信本书作为中国保理的教科书以及该项业务的工具书出版，必定会促进保理业务更为广泛的普及和推广，使保理业更好地服务于中国经济的高速发展。

朱春蕙（Joy Zhu）

国际保理商联合会执行委员会委员
CIT 商业服务公司国际部总经理

序三

　　张燕玲副行长是我国著名的国际贸易结算专家，在国际上有着很大的影响力，也是我非常尊敬的一位学者和长辈。我与张燕玲副行长因为保理结缘于20世纪90年代初，至今已是相识20余年的故交。彼时，我是一位刚到外经贸部计算中心（现商务部研究院）工作不久的年轻人，主要帮助中外企业开展客户征信、欠款催收和保理业务咨询等工作。由于我国外贸企业对信用管理不熟悉，当时我国在海外已累计有1000多亿美元应收账款无法收回。为提高我国企业的信用管理水平，我们计划编写我国第一本《国际商务信用风险管理指南》，为此专门找到了张副行长，希望她作为中国银行国际贸易结算方面的顶级专家为我们供稿。

　　当时在中国银行负责外贸结算业务的张副行长对我们这些年轻人非常热情，不仅为我们提供了高质量的稿件，而且在后来的工作中一直给予我们指导和帮助。张燕玲副行长高尚的人品、深厚的专业知识、精干的业务能力和平易近人的工作作风，给我们留下了非常深刻的印象。此后，我本人一直从事企业信用风险管理（尤其是保理业务）、社会信用体系建设等方面的研究和咨询工作，曾参与完成了商务部关于开展商业保理试点工作的课题研究，并因此与张燕玲副行长有了更多的交集。2012 年下半年，商务部正式在全国部分省市开展了商业保理试点工作，商业保理在我国得以迅猛发展，并对我国金融、实体行业都产生了不可小觑的影响。张燕玲副行长抱着对保理行业的满腔热情，从中国银行退下来之后继续致力于保理研究工作，我作为商业保理专业委员会常务副主任兼秘书长，看到她对保理行业的全心投入和无私奉献，感到无比敬佩。所以当张燕玲副行长邀请我为本书作序时，我既感到万分荣幸，又有一种义不容辞的情怀。

保理是供应链金融领域的主要业务之一，其特点是依托于供应链核心企业的信用，为中小企业提供贸易融资和风险管理服务。国际经验表明，保理业务基于真实贸易背景，是最适合成长型中小企业的贸易融资工具，具有逆经济周期增长的特点，代表了贸易融资的发展方向。2015 年全球保理业务规模为 2.37 万亿欧元，部分发达国家保理业务量可占到其 GDP 的 15% 左右。

我国是全球货物贸易大国和全球制造业中心，产业配套集中度高，拥有数以千万计的中小企业，特别适合商业保理行业发展。2012 年下半年以来，商务部陆续在部分省市开展了商业保理试点工作，取得了显著效果。注册企业数量、保理业务量等指标连续三年保持成倍增长。截至 2016 年上半年，我国已累计注册保理公司近 4000 家，较 2015 年底增长了 60%；完成保理业务量约 2000

多亿元人民币，相当于 2015 年全年的业务量。预计到 2016 年年底，全国累计将有 5000 家保理公司注册，业务量将达到 4000 亿元人民币，均较 2015 年增长 100%，服务的中小企业将达到 20 万户。

随着国家"大力发展应收账款融资"等配套政策的落实，保理行业发展前景光明。预计到 2020 年，全国商业保理业务量将达到万亿级规模，成为重要的应收账款融资和风险管理工具之一。必将对推动供给侧结构性改革、缓解中小企业融资难融资贵，促进经济转型和稳增长作出应有的贡献。

尽管我国商业保理行业发展迅猛、前景光明，但仍存在市场认知度不高、各地监管政策不统一、财税外汇政策不配套、产品创新过度、融资渠道受限、风险控制难度大、人才匮乏等一系列问题，亟须官产学研等各方面加强研究、形成合力，共同推动我国商业保理持续健康发展。

本书凝聚了张燕玲副行长及其研究团队的大量心血，具有很高的参考价值。特别是书中对国际惯例 GRIF 的解读、对各种保理产品的点评都出自资深专家之手，值得业内人士品读反思。希望本书的出版，能帮助业内外人士对保理的发展现状、保理的本质、保理的业务模式等有一个快速的了解，能够引起大家对保理市场乱象的反思并通过行动上的自律自清共同促进保理行业的规范有序发展，也希望本书的出版，能激发更多的有识之士加入到我们的保理行业中来，不管是从事保理的研究工作，还是投入到实务当中去，因为保理是一个前景广阔、潜力无限的行业。

最后，对张燕玲女士为我国保理行业作出的贡献，再次致以由衷的敬意和感谢！

韩家平

商务部国际贸易经济合作研究院信用研究所所长
中国服务贸易协会商业保理专业委员会常务副主任、秘书长
中国国际经济合作学会供应链金融委员会主任

序四

领航人的又一次前沿之作

——写在前面的感恩与钦佩

任何单位的发展与壮大，都离不开领航人的贡献，国家如此，企业如此，智库更是如此。过去30多年，张燕玲副行长对于中国银行的国际化进程与中国的国际贸易融资事业的发展贡献巨大；过去3年多，她对作为新型智库的中国人民大学重阳金融研究院（人大重阳）的发展，更是发挥着"定海神针"的作用。无论是中国银行业的拓展，还是中国金融智库的壮大，"张燕玲"都是一个杠杆式、里程碑式的名字，可谓我们这一代晚辈后生的"双料"领航人。

我有幸在2012年下半年认识张燕玲副行长。在前瑞士苏黎世州银行北京首席代表刘志勤先生的介绍下，我们相聚在北京国贸三期的顶层咖啡馆。当时，尚在党报从事社评工作的我有幸受中国人民大学委托，筹建重阳金融研究院，正欲问策张副行长。刚从中国银行副行长高位退下来的她知无不言，倾囊相赠，令我感动万分。更令我感恩的是，张副行长愿意加盟成为人大重阳创院高级研究员，使得这个像小树苗似的新型智库有了厚实的沃土与根基。

三年来，张燕玲副行长为人大重阳的发展奔走四方，全力相助，把关指导，不仅把国际商会主席麦格劳三世等诸多全球顶级人物邀请进人大重阳，更带领我们相继出访澳大利亚、土耳其和美国，为中国成功申办和举办 G20 峰会发挥了不可或缺的作用。

这些年，人大重阳以"立足人大，放眼世界；把脉金融，观览全局；钻研学术，关注现实；建言国家，服务大众"为宗旨，能连续入围"全球智库150强"，且还能在 2016 年 5 月 17 日习近平总书记主持的哲学社会科学座谈会上发言汇报，张燕玲副行长的支撑必不可少，举足轻重。无论未来人大重阳是否能够成为"百年老店"屹立于中国智库史上长久不倒，张燕玲副行长的历史贡献都应被感恩、感怀与感激。这是作为人大重阳执行负责人必须在该书之前要表述的话。

更值得钦佩的是，张燕玲副行长的爱国热忱与时时关注金融前沿的研究激情。3 年前，在张副行长的全力推动下，中国第一次将国际商会反腐败规则介绍到国内，为中国企业"走出去"避免落入陷阱提供了重要的提示。接着，张副行长又连续在 G20、全球金融治理、"一带一路"等议题上发表大作，为中国国际影响力的提升建言献策。现在，她再次发力，带领人大重阳、中国银行（BOC）、中国服务贸易协会商业保理专业委员会（CFEC）

研究团队联合完成《商业保理发展指南》，全面梳理了保理的发展起源、业务模式、运营管理、融资渠道等。一部前沿之作又问世了。

与绿色金融一样，商业保理也是中国金融领域的新事物。近几年保理行业发展得很快，特别是自 2012 年以来商业保理的发展可以用"迅猛"一词来形容。截至 2015 年底，全国共有 2000 多家登记在册的商业保理企业，商业保理业务规模超过 2000 亿元。虽然还不足以撼动银行保理的老大地位，但商业保理已经成为中国保理舞台上举足轻重的另一主角。

在行业快速发展的同时，也暴露出许多乱象，譬如保理产品创新过度、行业发展参差不齐等。有些人会说，这是所有新事物刚开始的时候都会经历的一个摸索的阶段，犯错误是正常的、允许的。但是在金融领域，我们不一定要摸着石头过河，而应在航标灯的指示下有方向有目的地前行。

保理源于西方，在国际上发展了上百年，业务模式成熟，也形成了国际统一惯例，我们完全可以发挥后发优势，充分借鉴国际惯例规则来制定业务标准，循序渐进地开展保理业务并适度创新，减少犯错误的几率和成本。本书在参照国际惯例的基础上对保理的定义、分类、业务模式、操作流程等进行规范统一，有利于保理行业的长远发展以及与国际市场接轨。

当下，中央正在积极推进供给侧结构性改革，制定了一系列旨在去产能、去库存、调结构的宏观经济调控政策，而这些政策的落地必须要有抓手。保理作为一项集应收账款融资、管理、催收和坏账担保于一体的综合性金融服务，以应收账款债权的转让为前提，也就是说必须先有交易及形成交易项下的应收账款才能开展保理业务，因而保理的融资对象必然是具有市场需求的企业，在资源配置过程中更加青睐于有市场潜力、市场需求的供应商，支持发展前景良好的行业，不会造成新的过剩，高度契合供给侧改革的目标。

2016年2月16日，中国人民银行、发展改革委、商务部等八部委联合发布《关于金融支持工业稳增长调结构增效益的若干意见》，其中明确提出"大力发展应收账款融资"。保理作为应收账款融资的一种，是金融发挥市场资源优化配置的重要机制，也是供给侧改革措施落地的最好抓手。

此外，保理对于提升我国出口企业竞争力、解决中小微企业融资难题等均具有重要作用。2016年7月27日李克强总理主持召开国务院常务会议，再次强调要加快解决中小微企业融资难、融资贵问题，这一问题已经成为困扰中小企业进而制约我国经济发展的顽疾。解决这一顽疾，依靠传统的金融产品难有作为，必须创新金融思维，改变传统信贷业务中的"嫌贫爱富"，为中小微企业提供更友好便利的融资服务。同时，也应看到，金融机构并非慈善部门，在响应政府号召向中小微企业伸出橄榄枝的同时，也要控制业务风险、保障资金安全，而保理业务以应收账款转让为前提，同时具有融资门槛低和自偿性高、风险可控的优点，是解决中小微企业融资难题的最合适的金融产品。

当前发展保理不仅意义重大，而且也是正当时，全国应收账款总额超过 20 万亿元，保理市场潜力无穷，这也是近年来保理商数量呈井喷式增长的最重要原因。然而，对于部分保理企业特别是中小商业保理商，由于对国际惯例不熟悉，在产品设计和业务操作方面往往力不从心，将错失许多发展机会。本书对国际惯例以及银行保理符合国际惯例的先进操作办法做了较为详细的梳理和解读，对商业保理商具有很好的指引作用，有助于商业保理企业建立合规管理机制，规范有序地开展保理业务。

本书的出版不仅是解政府供给侧改革措施如何落地的燃眉之急，也是帮助保理行业抓住最好的机遇、用最正确的方法获得最长远的发展。本书充分体现了智库的价值，针对经济社会中难点热点问题提供富有建设性的解决方案，为企业经营树立参照，为政策施力指明方向，切切实实地为业界、政界作出智力贡献。

值此本书即将付梓之际，再次向张燕玲副行长表达感激之情，并向她由衷地致敬。

王 文

中国人民大学重阳金融研究院执行院长

写在前面的话

　　近期在与商业保理委员会的频繁接触中，特别是研读过银行和商业保理方面的历年报告后，我对这个行业的现状有了较为全面、深入的了解，也由此产生了喜忧参半的感慨：喜的是看到行业发展之快，从 2012 年实行试点开始到 2015 年底新增了 2000 多家保理商，融资余额超过 2000 亿元，期间尤以深圳、上海、天津发展最快，企业数量和业务规模与日俱增，行业发展日新月异，以至于连国际保理商联合会（FCI）主席都搞不清全球保理商数量；忧的是看到行业发展之乱，《中国商业保理行业发展报告2015》、《中国保理产业发展报告 2014》这几份报告以及商业保理领头人厚朴金融控股有限公司的李书文董事长均非常中肯地指出当前商业保理存在的诸多问题，譬如产品混乱、人才匮乏、竞争无序、法律缺失、监管不当，等等。除了对现状的感慨，我也深感于银行保理专业委员会、商业保理专业委员会这两个自律组织以及其他业界人士为推动保理行业健康可持续发展而作出的努力，他们的信心、理念、坚持让我很受震动，产生了对他们的努力予以呼应、以自己绵薄之力为这个行业做点什么的冲动。

那该做点什么呢？虽然相关的报告均已经明确指出了我国商业保理的问题所在，但相应的解决办法依然比较模糊。归根结底，当前商业保理行业最大的问题是不够规范，最基本应该做的就是统一行业实务操作。市场不断涌现经过演变的各种保理产品，创新速度之快让人目不暇接，创新产品与国际标准实务不一致的情况比比皆是，自相矛盾的表述时有出现，这或许是我们能够提供智力支持的地方。

保理是西方舶来品，在国际上具有上百年的历史，拥有专业的培训及资格认证体系，形成被广泛认可的国际惯例，是业务模式十分成熟的金融产品。20 世纪 80 年代，保理业务进入中国后率先在银行得到实践，主要为国际出口双保理产品。银行自身组织架构、运营制度非常完善，在监管部门的监督管理下，银行保理始终以国际惯例规范为准则有序开展。在 FCI 的历届年度评比中，中国的银行曾多次获得奖项并长期蝉联全球业务量第一；中国银行业的代表在 FCI 执委会中有较强的话语权；银行业的保理从业人员在 FCI 组织的考试中屡次金榜题名，位居全球前列。因此对于商业保理来说，远可以参照国际惯例，近可以取经于国内银行保理。商业保理商及有关机构只有在知己知彼，熟悉国内外既有规则的前提下，才能结合市场需求，配合国家改革发展政策，进行合理的创新，提供更好的金融产品，支持实体经济的发展，否则不但起不到促进作用，还会增加风险。

按照 FCI 和 ICC 的日程，原定于 2016 年 8 月推出 ICC 的《国际保理统一规则》（URIF）以替代现有 FCI 的《国际保理通用规则》（GRIF）。然而，两个机构谈判的进程有所拖延，因此 URIF 要稍晚才能推出。起初我的本意是计划在 ICC 董事会批准 URIF 后，利用新闻发布会形式，第一时间对 URIF 进行解读并把相关情况告诉业界，以便大家有机会更早地了解和学习国际惯例。现在这个计划因故暂缓，又因 URIF 相对 GRIF 的改动不是很大，故友人建议可以先出版此书以飨读者。本书中所引用的全球保理行业共同遵守的 GRIF 及按其精神操作的最佳实务，对于纠正保理业的认识谬误、重建保理业的操作规范，具有毋庸置疑的重要现实意义。

　　为什么如此关注商业保理的发展？除了对保理行业的热爱以外，首先，保理业务在国际上受到空前重视。2016 年 7 月在上海举办的 G20 贸易部长会议批准了《G20 全球贸易增长战略》，确认了七项战略，其中第四项便是"增强贸易融资"，第七项"推动贸易与发展"战略又强调"减小贸易融资缺口"。这些充分说明 G20 对贸易融资的重视，而保理作为贸易融资的一种方式也必然受到高度重视。此外，B20 也成立了金融促增长议题工作组，目标之一便是向 G20 提出推进普惠金融的政策建议，解决小微企业融资难题，助推世界经济复苏，而保理具有自偿性高、业务风险小、融资门槛低等特点，是最适合小微企业的融资工具之一，所以得到 B20、G20 以及国际社会的广泛认可和推广。其次，发展保理业务符合我国国情。我国经济正处在结构调整、动能转换的新常态。经济增速放缓，市场风险加大，中小企业"融资难、融资贵"的问题尚未得到有效解决。这些都是我国金融改革不可回避的挑战，而保理或许为金融改革提供了一个出路。2016年2月，人民银行、发展改革委等八部委联合印发《关于金融支持工业稳增长调结构增效益的若干意见》，呼吁推动工业企业融资机制创新，大力发展应收账款融资业务，解决大企业拖欠中小微企业资金问题；7月27日李克强总理主持召开的国务院常务会议，再次号召要加强针对小微企业的金融服务措施，缓解"融资难、融资贵"问题，而保理将在这方面大有作为。

保理业务是在卖方转让应收账款债权的前提下，由保理商为卖方提供的集应收账款融资、管理、催收和坏账担保于一体的综合性金融服务。从微观上来说，保理是适应赊销贸易的一种金融产品，通过受让卖方应收账款，保理能够保证卖方及时收取货款、减少资金占压，也能使买方获得更有利的付款条件，从而促进交易完成，提高市场活力；从宏观上来说，保理是解决中小微企业融资难题的一剂良方，保理融资侧重对应收账款质量和买方信用的考察，突破了卖方自身信用状况对融资的限制。长期以来由于缺乏有效抵押物和担保物，中小微企业往往难以获得银行授信，特别是在经济下行期间银行惜贷现象更加严重。保理为企业提供了一种新型、便利、高效的融资渠道。银行保理由于客户准入门槛较高，不能完全满足市场需求，特别是中小微企业的融资需求难以得到满足，需要商业保理进行补充，当下我国商业保理的蓬勃发展也正是迎合了这一市场需求。发展商业保理业务是我国金融改革的一个重要方向，也是普惠金融落地的一种可行途径，有利于通过扶持中小企业发展进而为国家经济注入活力，刺激经济增长。

作为银行业的专家，我曾在最早涉足保理业务的中国银行长期分管并从事国际结算工作，非常关注保理在中国的发展，希望能在商业保理业务发展过程中提供一些智力支持。我的这一想法得到了中国银行同事姜煦、徐珺、刘畅的积极响应。姜煦现任中国银行总行贸易金融部副总经理，曾经在 FCI 连任两届副主席，还当了多年执行委员，徐珺现任中国银行江苏省分行贸易金融部副总经理、ICC 银行委员会执行委员会成员，刘畅现任中国银行台北分行贸易金融部总经理，三人都长期从事银行保理业务，理论基础扎实，实务经验深厚，他们的加入极大地丰富了本书的内容，提高了本书的专业性。希望通过我们的努力，能够使保理业的惯例知识得到普及，使商业保理的操作者、管理者、监管者多一份参考资料，少走一点弯路，为企业提供更好的金融服务，使商业保理顺利进入国际领域，使我国不仅成为全球最大保理市场，更是最佳保理市场，这是撰写本书的目的和愿望。

区别于国内保理方面的其他书籍，本书最大的特点是尽量地追求全面、超前、高度和清晰。首先，本书的全面性体现在由历史到现状、由理论到实践、由银行保理到商业保理等内容均有所涉及。其次，本书颇具超前性，如 FCI 上月刚成立"了解你的客户 KYC（know your customer）"工作组，我们便把 KYC 的工作作为商业保理公司尽职调查的一部分纳入本书。再次，本书具有一定的高度性，与 FCI 最新规则、动态保持一致，特别得到 FCI 秘书长 Peter Mulroy、执行委员会委员 Joy Zhu 等人的指导。Peter 在 FCI 任职多年，曾于 2009—2011 年担任主席，自 2013 年起任秘书长，是国际保理业的资深专家，非常关注保理在中国的发展。Joy 是 FCI 执行委员会中唯一的亚洲代表，作为中国人，她对中国保理业务的发展更是心之念之。从他们为本书所作的序中可见一斑。最后，本书比较简明清晰，不仅体现在脉络清晰，更体现在对 GRIF 等国际惯例的解读上非常准确。

一般来说，深入细致的调研是专业写作的前提。本书在写作之前，参考了商务部国际贸易经济合作研究院和中国服务贸易协会商业保理专业委员会历年编写的《中国商业保理行业发展报告》以及中国银行业协会保理专业委员会的《中国保理产业发展报告》。这两份报告都建立在扎实的第一手调研基础之上，数据翔实、内容丰富、知识专业，具有较高的参考价值，使我们节省了很多时间、精力，在此表示衷心的感谢！

最后，我要特别感谢人大重阳为我选配的助理艾文卫博士，她非常称职，工作细致入微。不但负责本书的文字组织、编写工作，还提出了许多有益的想法和意见，对她的辛勤工作表示感谢！

张燕玲

中国银行原副行长
ICC 全球董事会执行董事
中国人民大学重阳金融研究院高级研究员
中国国际经济合作学会供应链金融委员会联席主任

本书概要

"保理业务要做好，交易真假很重要，应收账款是参考，千万不能当担保；银行若要办理，观念应先调整好，保理授信非融资，交易核查有诀窍；保理公司办业务，专业人士不可少，打好基础是正道，莫想一步就登高；有序发展靠专业，盲人瞎马最糟糕，祝愿新年新气象，保理春天来报到。"①

——丛树人

本书重点解读了保理的国际惯例、总结我国银行保理先进经验，以供商业保理行业学习参考，并梳理了保理的发展起源和现状、热点业务模式、运营管理、操作流程、风险控制等，以便对保理的来龙去脉有个快速、全面认知。全书框架如下：

第一章"保理业的发展背景及意义"，本章首先梳理了国际上保理业发展起源、我国保理业发展历程以便读者对保理的来龙

① 丛树人：《两岸发展 Factoring 业务的始末与现状》，台湾金融研训院，2016。

去脉有个大致了解，并介绍了保理业务的基本概念以及与其他相似业务的区别从而帮助读者对保理有个初步认识；然后，分析了当前我国保理业面临的发展机遇及挑战，机遇主要有应收账款规模持续扩大、政府政策持续利好，挑战主要有政策法规不健全、市场认知度不高、信用体系不完善、专业人才匮乏、企业融资困难；最后总结了我国发展保理业务的现实意义，包括对宏观经济社会的意义以及对微观企业的意义。

第二章"国内外保理业的发展现状及比较"，本章首先梳理了国际上保理业发展现状，包括全球保理业务总量、区域分布特点及业务构成情况，发现全球保理业务量继续保持增长，但主要得益于欧洲市场保理业的强劲发展，其他洲保理业务量出现不同程度的下滑，保理业务以国内保理为主，并且 FCI 会员主要开展的是无追索权保理。在第二节对我国的保理业务进行总结，分别从银行保理和商业保理出发进行探讨，总的来说我国银行保理率先发展并且在当前市场中占据主导地位，但是商业保理在政策红利刺激之下发展迅速，然而存在规模小、开业率低、业务种类较单一、经营状况参差不齐的情况。在第三节对国内外保理业务进行对比，包括保理业务的外部环境如社会信用环境和法律环境等，以及保理业务的运作现状如保理主体、保理业务模式、保理产品种类等。

第三章"保理业的法律环境"，本章对保理业的国内外法律环境进行梳理，包括我国开展保理业主要适用的国际公约、国际惯例以及我国国内法律法规和政策，并对相关规定进行阐述和归纳，由于 GRIF 对我国保理业具有重大参考价值，因此在第三节中对其进行通篇解读。

第四章"商业保理热点业务模式点评"，本章对当前商业保理的热点业务模式进行梳理，包括国内双保理、租赁保理、供应链保理、应收账款池保理、商业保理与银行保理合作、信用保险保理、隐蔽型保理及其他保理创新模式。针对每个业务模式，探讨了其产生背景、业务流程、应用价值和前景等，既是对行业的一个梳理，也为商业保理公司的未来经营实践提供一些借鉴。

第五章"商业保理运营管理"，本章讨论了商业保理公司的运营管理。第一节分析了商业保理公司的组织架构，基本按照前台、中台、后台进行设置，包括市场部、风控部、资金部等部门。第二节梳理了商业保理的业务流程，其重点是执行"展业三原则"，即了解客户、了解业务、尽职调查。第三节总结了商业保理行业面临的主要风险及防范措施，包括操作风险、履约风险、信用风险、法律风险等。

第六章"商业保理融资渠道"，本章分析了商业保理公司的两类外部融资渠道：传统融资渠道，主要是指向股东借款和银行贷款；新兴融资渠道，包括资产证券化、P2P 互联网金融平台贷款以及通过资管计划、信托计划融资。目前商业保理公司的主要资金来源还是传统融资渠道。

第七章"商业保理业发展展望及建议"，本章首先对商业保理行业的未来发展前景做了展望；然后针对商业保理发展过程中面临的政策困境，呼吁监管机构应从几方面为商业保理行业的健康发展作出努力，包括健全保理方面的立法，加强部门协调、统一地方监管办法，明确商业保理定位，加强商业保理行业的准入管理，制定符合商业保理行业发展规律的监管政策，完善社会征信体系建设，规范应收账款转让登记等，最后针对商业保理行业自身发展瓶颈，也提出了一些针对性的建议。

第八章"保理业务案例分析"，本章以案例的形式，结合国际惯例与实务重点分析与保理业务有关的营销、争议处理及风险防控等问题。

目　录

第一章　保理业的发展背景及意义

　　本章首先梳理了国际上保理业发展起源、我国保理业发展历程以便读者对保理的来龙去脉有个大致了解，并介绍了保理业务的基本概念以及与其他相似业务的区别来帮助读者对保理有个初步认识；然后，分析了当前我国保理业面临的发展机遇及挑战，机遇主要有应收账款规模持续扩大、政府政策持续利好，挑战主要有政策法规不健全、市场认知度不高、信用体系不完善、专业人才匮乏、企业融资困难；最后总结了我国发展保理业的现实意义，包括对宏观经济社会的意义以及对微观企业的意义。

第一节　保理业起源及概述

一、国际上保理业发展起源

　　最早的保理业务可以追溯到古巴比伦时期，当时制造商和商人常常雇佣商业代理或保理商来承担商品推广、分销、储存、运输和收款等职能。自 16 世纪开始，以英国为代表的欧洲国家纷纷向海外开拓殖民地并在当地寻找商务代理以协助出口贸易。特别是随着工业革命的发展，英国纺织品等工业品的产量迅速扩张，资本家急需向美国等海外市场倾销来追求高额利润，同时在美国市场快速增长的人口也对欧洲商品具有巨大需求。但是受到运输条件和通讯技术的限制，欧洲出口商对美国市场和客户资信知之甚少，同时他们也需要美国当地的仓储服务，从而可以实现迅速发货。因此，他们在美国当地选择了一些代理机构提供下列服务：商品寄售、储存、寻找买家并安排货运、向买方进行付款催收。保理商提供这些服务收取的报酬就是根据所售出商品价值提取的佣金，佣金通常会在向雇主支付时扣除。

19世纪末叶，美国保理商的角色发生了根本性的改变。通讯和运输行业的迅速发展使出口商不必再依赖于寄售经营方式，而是可以采用当地的销售代理通过样品进行销售并且直接发货给买家的方式。在此背景下，出口商不再需要保理商的仓储、市场营销和分销服务，而是需要保理商提供的融资、坏账担保等金融服务。这些金融服务所依据的法律基础也从原来的保理商有权以货物销售款来偿还其所提供的融资，转变为保理商在接受出口商将其针对买方销售货物所取得应收账款债权转让的基础上提供服务。20世纪60年代，美国货币监理署出台新规允许银行经营保理业务，商业银行随后成为保理市场的一股活跃力量。特别是《美国统一商法典》的出台，简化了应收账款转让手续，降低了相应的登记要求，为保理在美国的发展起到极大的推动作用。

20世纪60年代，美式保理传入英国。在此之前，通过转让应收账款作为筹集资金的工具已经在欧洲国家使用了几个世纪。具有代表性的英式保理主要提供发票贴现服务，转让仅通过相关发票副本来进行证明，并不会通知买方。这个惯例在 20 世纪 50 年代的伦敦得到了显著发展，由于操作简便且保密，对那些需要额外融资的公司来说非常具有吸引力，但贴现人错误地认为自己拥有了像票据贴现人一样的保障。许多发票贴现人在其主要卖家无力偿债时遭受了严重损失，他们发现当买方从回款中扣款抵销时，发票贴现人实际上是没有任何保障的。在经历了这些之后并伴随着美国模式的传入，保理演变形成了以全部销售额所对应的应收账款进行转让为基础开展业务的方式。在该方式下可以对卖方有追索权也可以不保留追索权，但总是会通知买方。融资者也会对从买方处催收货款进行管理。这就是现代意义上的保理业务，并在欧美国家开始流行。

保理在亚洲的发展相对欧美晚了近 20 年，但是发展很快。日本从 1994 年起赶超意大利、连续七年占据全球出口保理第一宝座；中国台湾地区从 2001 年起取代日本连续七年成为全球出口保理第一的市场；中国大陆保理业务又比日本、中国台湾更晚发展，但很快成为后起之秀，2011—2014 年保理业务总量排名全球第一。

从全球来看，现代保理业发展史上标志性的事件有：

1963 年，全球首家国际性保理公司协会——国际保理商协会（International Factors Group，IFG）成立，总部设在比利时的布鲁塞尔；

1968 年，国际保理商联合会（Factors Chain International，FCI）成立，总部设在荷兰阿姆斯特丹，FCI 成员国际保理业务市场份额超过 80%，会员单位超过 250 家，分布于全球 70 多个国家及地区；

1969 年，FCI 制定和颁布了《国际保理惯例》（*Code of International*

Factoring Customs），旨在规范国际保理业务操作，经多次修订于 2002 年正式更名为《国际保理业务通用规则》（*General Rules for International Factoring*，*GRIF*），为了规范 FCI 会员间的双保理业务运作，FCI 还制定了《仲裁规则》（*Rule of Arbitration*）、《保理电子数据交换规则》（*edifactoring. com Rules*）；

1988 年，国际统一私法协会制定和颁布了《国际保理公约》（*Convention on International Factoring*），并于 1995 年 5 月 1 日生效，成为世界上唯一一部专门用于调整国际保理法律关系的国际公约；

2001 年，联合国大会通过联合国国际贸易法委员会制定的《国际贸易中应收账款转让公约》，对应收账款转让通知的形式、法律效力等进行规定；

2016 年，IFG 和 FCI 正式合并，成为世界上最大的保理业务组织，拥有 400 多家会员单位，目前我国大陆有 27 家银行、8 家商业保理公司为 FCI 会员。

二、我国保理业发展历程

我国保理业最先在台湾地区发展，萌芽于 20 世纪 80 年代初。在台湾，商业保理率先发力，1984 年中租迪和应收账款管理公司率先开办保理业务；1997 年"亚洲金融风暴"之后，"台湾财政部金融局"要求岛内各银行必须持照才能办理保理业务；1998 年之后银行纷纷涉足保理业务，迎来了台湾保理业的鼎盛时期；2005 年，台湾经济陷入低谷、银行进入低利率时代，上市公司与银行合谋利用"无追索权保理业务"美化财务报表欺骗投资者的丑闻频频曝光，金融监管部门要求银行自清自律，甚至考虑要求银行停办保理业务，台湾保理业开始下行。这一时期，台湾保理业盛行的一种做法是，企业为了在年底美化财务报表，与银行达成合谋协议，先将品质差甚至无法收回的应收账款通过"无追索权"保理业务出售给银行，从而应收账款变成了现金，对外营造一种财务健康的假象。另外签订"无条件回购契约"，银行向企业账户付款后同时保留了对账户内预支资金的控制权，企业无法动支，如果到期买方无力偿还账款，根据"无条件回购契约"，银行可以将先前支付的款项划走冲抵贷款，相当于用现金做了十足担保。这样的做法，令企业轻松获得一张完美的财务报表，令银行轻松获得利息收入以及手续费收入，但却严重损害股东和投资人的利益，并且本身也蕴藏了巨大的风险，因为无追索权保理业务本质是应收账款买断业务，保理商必须承担买方信用风险，除非发生商业纠纷，否则保理商不得向企业要求回购应收账款，2004 年轰动一时的"博达科技保理欺诈案"即为例证。博达案件在台湾金融界掀起轩然大波，令银行等保理商重新开始审视这类"无追索权保理业务"的风险，也令监管部门下定决心肃清保理业的乱象①。在此背景下，许多保理公司、从业人员开始转战彼时保理业正迅速发展的大陆地区，正是因此台湾保理业对大陆保理业发展具有深刻影响。

大陆地区的保理业在 20 世纪 90 年代开始真正发展，相对国际主要保理市场而言起步要晚许多，但是通过引进台湾的商业保理团队、借鉴国际先进经验，取得了迅猛发展，2011—2014 年保理业务总量排名全球第一。与台湾地区不同，大陆地区保理业经历了银行保理发

---

① 丛树人：《两岸发展 Factoring 业务的始末与现状》，台湾金融研训院，2016。

展在先、商业保理发展在后的过程，总的来看可以划分为三个发展阶段：

第一阶段：萌芽阶段

20 世纪 80 年代到 1992 年，是我国保理业务的萌芽阶段。标志性事件是 1987 年 10 月，中国银行与 DISKO FACTORING BANK（德国贴现和贷款公司）签署了国际保理总协议，标志着国际保理业务在我国正式登陆。1991 年 4 月，应 FCI 邀请，原经贸部计算中心组织商务部、中国银行总行等 9 名专家赴欧洲考察保理业务，并确定"Factoring"的中文译名为"保理"，促进了保理在中国的推广。

第二阶段：初步发展阶段

1993—2000 年，是我国保理业务初步发展阶段。1993 年，中国银行正式加入 FCI，成为国内最早的 FCI 会员，并率先在国内同业中开办了国际保理业务。交通银行于 1994 年加入了 FCI。2000 年以前，我国保理业务处于市场起步和培育阶段，业务规模、业务品种及服务水平都较难与国际同业相比。FCI 相关统计数据显示：1993—1999 年，我国每年的保理业务总量不到 1 亿美元；2000 年，我国保理业务量突破 1 亿美元，达到 1.97 亿美元，其中国内保理业务量 1.67 亿美元，出口保理业务量 2500 万美元，进口保理业务量 500 万美元。

第三阶段：快速发展阶段

2000 年以后是我国保理业务快速发展阶段。随着我国加入世界贸易组织，国际贸易量大幅增长，开办保理业务、加入 FCI 的银行不断增多。

2005 年，天津成立第一家商业保理公司，当年"两会"期间，招商银行马蔚华行长等 31 位人大代表提出《关于对保理业务进行专项立法的议案》。

为进一步引导行业自律发展，2006 年 11 月，由中国银行牵头，光大银行、中信银行等 12 家中外资银行在北京共同成立了我国第一个保理业务同业组织——中国保理商协会。

2009 年 3 月 10 日，中国银行业协会在中国保理商协会的基础上组建了"中国银行业协会保理专业委员会"（FAC），并于 2010 年 4 月发布了《中国银行业保理业务规范》。

2009 年 10 月，经国务院同意，国家发展改革委批复同意天津滨海新区综合改革方案，允许在滨海新区设立保理公司。

2012 年 6 月，商务部发布《关于商业保理试点有关工作的通知》，允许在试点地区设立商业保理公司，开启了商业保理发展新篇章。

2012 年，嘉融信国际保理公司成为我国首家加入 FCI 的商业保理公司。

2012 年 11 月 26 日，我国第一个商业保理行业组织也是唯一一个全国性行业自律组织——中国服务贸易协会商业保理专业委员会（CFEC）成立，截至 2016 年 3 月底，商业保理专业委员会共有会员 162 家，其中商业保理公司 123 家。

2014 年 4 月，银监会发布《商业银行保理业务管理暂行办法》，旨在规范银行保理业务，目前商务部正在研究制定商业保理行业管理办法。

2015 年底，全国商业保理公司数量达到 2514 家，融资余额超过 2000 亿元。

三、保理业务概述及与相关业务比较

（一）保理业务概述

保理业务的英文为 Factoring，是以卖方向保理商转让其应收账款为前提，由保理商为卖方提供集应收账款催收、管理、坏账担保、融资于一体的综合性金融服务。

依据基础交易的性质和买卖双方所在地，可将保理业务分为国内保理和国际保理，其中国内保理是指买卖双方均在境内的保理业务，国际保理是指买卖双方中至少有一方在境外的保理业务，可进一步细分为出口保理和进口保理，前者是指出口保理商受让出口商应收账款的保理业务，后者是指进口保理商受让出口保理商应收账款的保理业务。

依据应收账款到期无法从买方回收时，是否可以向卖方反转让应收账款并要求卖方回购应收账款或归还融资，可将保理业务分为有追索权保理和无追索权保理，前者无须承担买方信用风险、可以向卖方反转让应收账款，后者需承担买方信用风险、在无商业纠纷的情况下即便应收账款得不到清偿也不能向卖方追索。

依据参与保理服务的保理机构个数，可将保理业务分为单保理和双保理，前者只有一个保理商为买卖双方提供保理服务，后者由两家保理机构分别向买卖双方提供保理服务。

依据在应收账款转让时是否通知买方，可将保理业务分为公开型保理（明保理）和隐蔽型保理（暗保理），公开型保理需将应收账款转让事实通知买方，后者则不需要，但是按照我国《合同法》对债权转让通知生效的规定，实践中多为公开型保理。

依据提供保理业务的机构主体，分为银行保理和商业保理，前者受银监会主管，后者受商务部主管。

各种保理类型并非相互割裂的，而是可以相互组合成具体的保理业务类型，譬如国内有追索权的隐蔽型单保理、国内无追索权的公开型单保理等。但是万变不离其宗，保理本质上是以应收账款转让为前提的一系列综合金融服务，只不过在具体业务操作过程中存在不同的处理方式。

保理业务并非适用于所有行业，如大型成套机械设备等账期长、需分期付款、安装、调试的复杂基础交易因可能产生较多争议的原因，并不适合办理保理业务。保理业务更适合于如纺织、电子消费品等日用快消品的交易，这与我国出口导向及中小企业的实际需求高度契合。

以最典型的国际双保理为例，保理业务包括进出口双方及进出口保理商四个当事方，涉及两次转让。实务流程如下：

1. 进、出口双方签订以赊销（Open Account）为结算基础的商业合同。

2. 出口保理商向进口保理商申请信用额度，进口保理商为进口商核定信用额度。

3. 出口商向出口保理商转让应收账款并签订出口保理协议，再由出口保理商向进口保理商转让应收账款。进口保理商作为债权人，提供催收及坏账担保服务；出口保理商提供保理融资及应收账款管理服务。

4. 应收账款到期，进口商向进口保理商付款以解除其债务。进口保理商将款项划转至出口保理商。出口保理商扣除融资本息后将余款付给出口商。

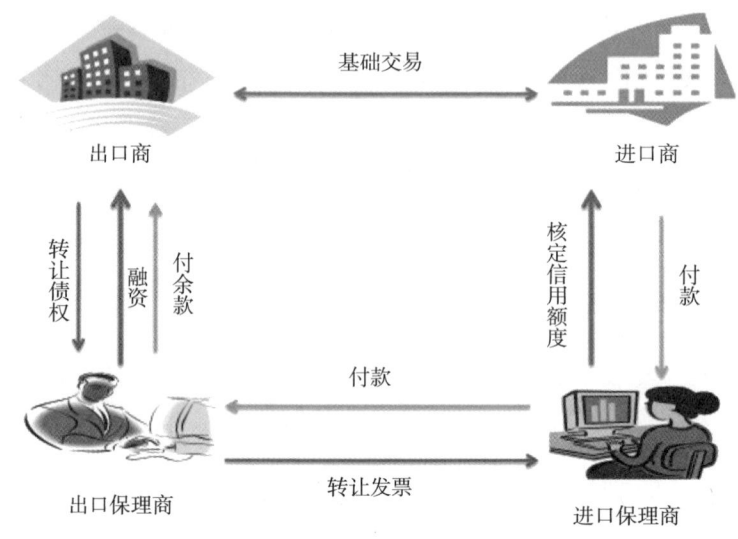

图 1-1 国际双保理

（二）与相关业务比较

1. 出口保理与出口信用险

从国际实践看，出口保理与出口信用险属于不同的竞争性产品；从国内实践看，出口保理与出口信用险目标客户群不同，起到互补的作用。

第一，保理业务为进口商核定额度的基础是基于对单一进口商信用风险的评估，而出口信用险业务中保险公司基于大数法则为进口商核定额度，出口信用险更加适合交易对手众多，分布于高风险国家或地区，需提供一揽子全面信用风险服务的出口企业。

第二，赔付比例不同。保理业务中，进口保理商对合格的应收账款承担100%的担保付款责任，而出口信用险种保险公司的赔付比例一般为70%～90%，且包含最高赔偿限额等除外保险条款。

第三，赔付期限不同。在保理业务中，若进口商未付款，进口保理商需在应收账款到期的第90天做担保付款，出口信用险的赔付手续相对繁琐，且期限较长，一般为120天至180天。

2. 出口保理与信用证

出口保理与信用证业务（letter of credit，L/C）的主要区别在于：

（1）信用证是一种结算方式，与汇款、托收并列；保理是一种综合金融服务，其基础交易主要以赊销为主。赊销即后TT，是汇款种类之一。通过办理保理业务，出口商可以借助赊销这一更有竞争力的结算方式拓展市场。

（2）两者的手续及资金负担不同。在信用证业务中，一般由进口商申请办理开证并承担相应的手续费，资金占压较大，而出口商只需承担信用证通知、开证行费用等较少的费用。在保理业务中，出口商与出口保理商签订保理协议并承担相关的保理费用，一般为合同金额的1%～2%，因此国际保理较之信用证对进口商更具吸引力。

（3）两者的根本目的不同。保理的核心目的是出口商通过向保理商转让应收账款以获得坏账担保，信用证则是由开证行承担第一性付款责任，引入银行信用以解决交易双方的互信问题。

3. 保理融资与应收账款质押融资

保理融资与应收账款质押融资同属于企业通过应收账款进行融资的方式，其根本区别在于法律基础不同。保理以应收账款债权转让为前提，保理商取代原债权人成为新的债权人，在无追索权保理业务中与应收账款相关的收益与风险完全转移给保理商；应收账款质押并不涉及债权的转让，首先由应收账款债权人（出质人）清偿债务，在其不能履行清偿义务或约定的实现质权的条件成立时，保理商（质权人）才有权收取质押的应收账款，保理商享有的是担保物权。

4. 保理融资与流动资金贷款

保理融资与流动资金贷款都是企业获得融资的手段，两者区别体现为：（1）从性质上来看，保理融资属于贸易项下融资产品，主要依托于应收账款；流动资金贷款属于信用贷款，主要依托于企业信用。（2）从还款来源来看，保理融资的第一还款来源并非保理业务的申请人，而是保理业务申请人向其销售产品、提供服务的买方企业，因而保理侧重对应收账款质量及买方企业信用的考察，如果是在有追索权保理情形下还要考虑融资企业即卖方企业的信用情况；流动资金贷款第一还款来源是业务申请人，因而主要考察融资企业的资信状况。（3）从授信风险来看，保理融资由于基于真实的贸易背景，具有明确的还款来源，风险相对信贷融资要低。

第二节　我国保理业的发展机遇和挑战

一、我国保理业的发展机遇

（一）应收账款规模持续扩大

受宏观经济下行、部分行业产能过剩、市场竞争加剧的影响，总体上企业经营境况愈发困难，赊销付款方式被普遍采用，应收账款规模持续扩大，据统计，截至 2015 年底，全国规模以上工业企业应收账款总额达到 11.45 万亿元。如果再包含规模以下的中小微企业，应收账款总规模估计在 20 万亿元以上。

与此同时，应收账款周转率、坏账率也在上升，逾期拖欠现象严重。在这种背景下，一方面企业急需通过保理融资业务来盘活应收账款、补充流动性资金，另一方面也需要专业的保理公司提供信用调查、应收账款管理和应收账款催收等非融资保理服务，来降低坏账呆账风险。而由于银行保理商更侧重提供融资服务，准入门槛高，青睐具有较高资信条件的大中型企业和国有企业，并且受风险加大等因素的影响银行保理趋于收缩，因而企业保理需求加快转向商业保理市场，商业保理面临广阔的市场空间。

（二）政府出台政策鼓励行业发展

自 2012 年以来，中央政府以及地方政府相继出台了各种鼓励商业

13

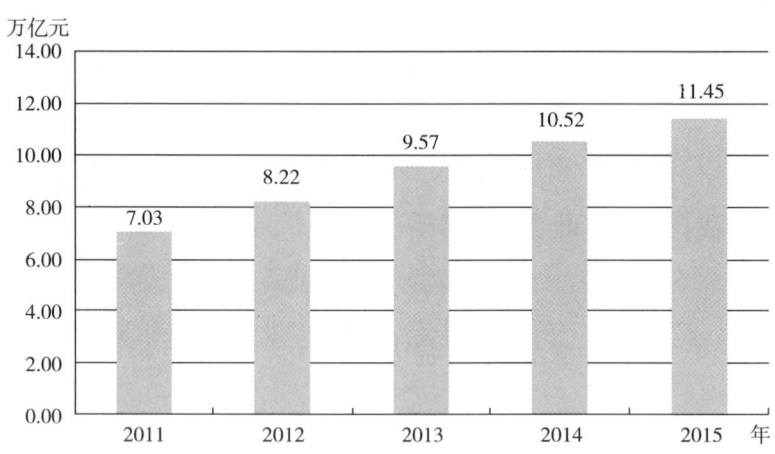

数据来源：中国服务贸易协会商业保理专业委员会、商务部国际贸易经济合作研究院信用研究所、商业保理专业委员会悦达保理研究院编著：《中国商业保理行业发展报告 2011—2015》，中国商务出版社，2017。

图 1－2　2011—2015 年全国规模以上工业企业应收账款总额

保理发展的文件。首先是 2012 年 6 月商务部发布《关于商业保理试点有关工作的通知》，同意在天津滨海新区、上海浦东新区开展商业保理试点；同年 12 月，同意港澳投资者在广州市、深圳市试点设立商业保理公司；为进一步加强商业保理行业管理，2013 年 8 月商务部发布《关于做好商业保理行业管理工作的通知》，要求试点地区商业保理公司登录商务部商业保理业务信息系统进行信息填报，进行行业统计；同年 8 月下发通知批准重庆、苏南、苏州三地开展第二批商业保理试点。2016 年 2 月 16 日，中国人民银行、国家发改委、商务部等八部委联合发布《关于金融支持工业稳增长调结构增效益的若干意见》，其中明确提出"大力发展应收账款融资"，为保理业务的发展营造良好宽松的政策环境。

　　在应收账款规模持续扩大市场需求不断上升，政府又积极出台利好政策鼓励行业发展的背景下，我国保理业必将迎来重大发展机遇。

二、我国保理业发展面临的挑战

（一）政策法规不健全

　　一方面是全国范围内的统一立法滞后，目前尚未出台专门针对保理业的法律，可以借鉴的法律条款散见于《合同法》、《民法通则》、《物权法》等，而这些条款之间可能并不完全一致，譬如《合同法》、《民法通则》对债权转让是否通知生效就有不同的规定，而最高人民法院关于保理适用法律相关意见仍在研究当中，这将导致各地监管政策不一；并且应收账款债权转让与《物权法》框架下的应收账款质押之间，两者在优先受偿等方面尚存在法律空白。

　　另一方面是配套的财税政策不完善，保理行业适用税目、税率认定不清，财政部、国家税务总局也没有作出明确的规定，相关部门也未制定与保理业务相关的会计和税务制度。由于配套政策缺失，现实中出现如下问题：保理申请人的增值税发票无法抵扣、退税手续无法办理，没有统一的会计准则指导造成保理业会计核算不规范，商业保理公司重复缴纳营业税、所得税前扣除部分不明确，印花税税目混乱等。

（二）市场认知度不高

　　一方面是许多政府部门、金融机构对保理的认知度不高，不了解这种能促进实体经济发展的新型金融工具，因而无法提供配套措施或业务支持；另一方面是实体企业对保理业务的认知度不高，主要将保理作为一种融资手段，甚至通过虚构贸易合同获取保理融资，对保理的其他业务缺乏正确认识，忽视保理对于减少应收账款风险、开拓市场的积极作用。实践中，实体企业对保理业务的接受度也不高，FAC在《银行保理业务理论与实务》中将其归因为财务成本较高、手续流程较为复杂和额度核准率较低等。

（三）信用体系不完善

保理业务建立在商业信用基础之上，商业保理更是主要定位于服务中小微企业，但是我国总体上信用体系十分不健全，而中小微企业的征信信息机制更是十分落后。在征信数据缺失、信用监管薄弱、信用意识落后的条件下，保理商进行信用调查难度大、开展保理业务风险高。经济下行期间，虽然带来了应收账款规模上升、市场空间扩大的好处，蕴藏的应收账款回收风险也相应上升，保理业务面临的风险也在上升。

（四）专业人才匮乏

保理业务涉及信用调查、风险控制、账款催收、财务管理等专业性较强的工作，需要富有经验的专业保理队伍进行服务，特别是在国际保理业务下要求保理从业人员具备英语能力，掌握法律、金融、国际贸易知识。但由于保理行业发展时间较短、人才培养体系尚未健全，从业人员素质参差不齐，且随着国内保理市场的快速增长，对保理专业人才的需求也越来越大，行业内存在恶性"挖人"现象，不利于企业团队稳定和整个行业生态。

（五）商业保理公司融资困难

商业保理公司发展的一个重要"瓶颈"是资金限制，如果依靠自有资金，只有等到收回保理项下应收账款后，才能再做下一单业务，很难形成规模。至于外部融资，商业保理行业不是标准的金融行业，属于"类金融"行业，商业保理机构不能像银行那样"吸存放贷"，也不能得到银行的"同业授信"，使得商业保理公司的资金来源有限。并且，由于商业保理公司通常成立时间短、具有高负债轻资产运营的特征，缺乏有效抵押物难以获得银行抵押贷款，而受让的应收账款债权又以中小微企业为主要债务人，也很难通过应收账款获得银行贷款，只能转向民间融资渠道，导致资金成本居高不下。随着互联网金融以及资产证券化的发展，商业保理公司或许能拓宽融资渠道、降低资金成本。

第三节　我国发展保理业的现实意义

保理对于微观企业来说，具有降低融资难度、提高融资效率、缓解资金占压等意义，是最适合成长型中小企业的金融产品；对于宏观经济来说，保理具有逆经济周期的特点，能够在经济下行期间发挥促进出口、激发活力、提振经济的作用。因而不管是从宏观还是微观视角出发，发展保理业都具有积极的现实意义。

一、宏观意义

当前，我国经济正处在结构调整、动力转换的新常态，经济增速放缓，市场风险加大，中小企业融资难、融资贵的问题尚未得到有效解决。在此背景下，发展保理业对我国宏观经济具有重要意义。

第一，在全球经济疲软、出口贸易萎靡的背景下，发展保理业务有利于提升我国出口企业竞争力，从而扩大出口、提振经济。随着国际市场竞争加剧、买方市场逐渐形成，对进口商不利的信用证结算比例逐年下降，赊销逐渐成为国际贸易主流结算方式，而出口商通过办理保理业务为进口商提供赊销结算，可以争取更多订单，有助于拓展海外市场。同时，出口商通过办理保理业务可规避进口商信用风险，通过办理保理融资可提前结汇，避免汇率风险。

第二，在我国经济增长将长期处于 L 形背景下，发展保理业务有利于通过扶持中小企业发展进而为国家经济注入活力，刺激经济增长。长期以来限制我国中小企业发展的一个重要"瓶颈"是"融资难、融资贵"，由于缺乏有效抵押物和担保物中小企业往往难以获得银行授信，特别是在经济下行期间银行惜贷现象更加严重的情况下更是如此。而保理业务为企业提供了一种新的融资渠道。在当前我国保理市场上，银行保理客户准入条件较严、产品准入条件偏高，不能完全满足市场需求，需要商业保理的补充。商业保理的加入，可以为企业，尤其是中小企业提供贸易融资等金融服务，可以提高企业效率和盈利能力，缓解资金紧张，加速发展，有利于解决中小企业融资难的问题。发展商业保理是为深化经济改革和发展做实事。

第三，在服务业扩大对外开放背景下，金融服务领域是对外开放的一个重要领域，发展保理业务特别是商业保理有利于改善我国金融体系结构，提升我国金融产业竞争力。在我国各类企业应收账款存量超过 20 万亿元人民币这一背景下，国内保理业务面临巨大的市场空间。通过开展保理业务将拓宽银行等金融机构的盈利空间，改善收益结构，提升竞争实力，从而有效应对外资竞争。

第四，在中央提出在适当扩大总需求的同时要更加注重推进供给侧结构性改革的背景下，经济转型迫在眉睫，而通过金融服务转型带动实体经济转型是一个重要实现途径，保理业务将在这一联动机制中发挥重要作用。相比较定点扶贫、定点融资等政策手段，保理业务基于真实交易下的应收账款，能更加精准地服务实体经济转型。2016 年初，国务院常务会议提出，为加大金融对工业供给侧结构性改革的支持力度，要"大力发展应收账款融资"。保理业务作为应收账款融资的一种，是金融发挥市场资源优化配置和普惠金融落地的最好抓手。

二、微观意义

保理使得在赊销的交易背景下，既能保证卖方收取账款，增加销售收入，又能保证买方收取货物，缓解付款压力，对买卖双方都有利。

以国际双保理为例，中小企业通过办理保理业务，一方面，可向进口商提供赊销作为付款条件，有利于中小企业获得订单，拓展市场，由熟悉当地法律环境、商业习惯的进口保理商负责催收并承担进口商信用风险，中小企业可专注于生产及研发，进一步增强竞争力；另一方面，可获得出口保理商保理融资，将应收账款转化为现金收入，美化财务报表。

2016 年 3 月 15 日，国际商会荷兰海牙第 151 次执委会通过了由全球供应链金融论坛①编写的《供应链金融技术的标准定义》将保理的益处总结为：

■ 卖方赊销业务增长。

■ 信用风险以无追索权保理方式覆盖，因为如买方付款违约，那么融资提供方一般会支付覆盖应收账款的 100% 的信贷资金。

■ 为卖方优化营运资金，但不会增加资产负债表杠杆比例（这一点还要依相关管辖权区域的会计核算处理）。

■ 为卖方改善支付条件。

■ 在传统银行业务资源可利用授信有限的情况下，卖方具有获得融资和流动性的能力。

■ 服务内容包括提供销售分户账管理和应收账款催收工作，避免占用卖方的资源，还可提供更好的债务人管理。

■ 提高供应链的稳定性并降低供应链断裂风险。

---

① 全球供应链金融论坛于 2014 年 1 月成立，参与机构包括国际商会银行协会，BAFT，欧洲银行协会，国际保理商联合会（FCI），以及国际贸易和福费廷协会（ITFA）。国际保理商组织（IFG），现已与 FCI 合并。

第二章 国内外保理业的
发展现状及比较

　　本章首先梳理了国际保理业发展现状，包括全球保理业务总量、区域分布特点及业务构成情况。全球保理业务量继续保持增长，但主要得益于欧洲市场保理业的强劲发展，其他洲保理业务量出现不同程度的下滑；保理业务以国内保理为主，并且 FCI 会员主要开展的是无追索权保理。第二节对我国的保理业务进行总结，分别从银行保理和商业保理出发进行探讨，总的来说我国银行保理率先发展并且在当前市场中占据主导地位，但是商业保理在政策红利刺激之下发展迅速，然而存在规模小、开业率低、业务种类较单一、经营状况参差不齐的特点。最后，在第三节对国内外保理业务进行对比，包括保理业务的外部环境如社会信用环境和法律环境等，以及保理业务的运作现状如保理主体、保理业务模式、保理产品种类等。

第一节　国际保理业发展现状

一、全球保理业务总量

　　从总体上来看，根据 FCI 统计数据，2015 年全球保理业务总量约为

23730 亿欧元，其中 FCI 成员业务量总计约 15323 亿欧元，占总体市场规模的 65% 左右，说明 FCI 作为全球最具影响力的保理商协会，其会员保理商业务量巨大，是保理业务的中坚力量。同时从历史数据来看，如图 2-1 所示，自 2009 年以来，受全球经济不振、国际贸易萎缩的影响，保理业务增速逐年放缓，其中 2015 年增幅最低，相较 2014 年仅增长了 1.09%。

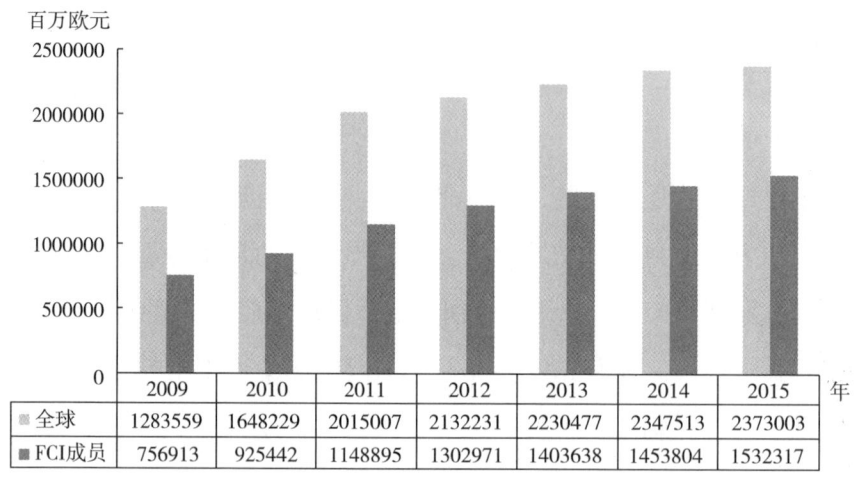

百万欧元	2009	2010	2011	2012	2013	2014	2015
全球	1283559	1648229	2015007	2132231	2230477	2347513	2373003
FCI成员	756913	925442	1148895	1302971	1403638	1453804	1532317

图 2-1　全球保理业务量情况

二、全球保理市场区域分布情况

从全球五大洲来看，欧洲是最大的保理市场，长期以来其市场占比始终在 60% 以上，并且是五大洲中唯一始终保持增长的市场，2015 年全球保理业务量之所以仍有所提振即得益于欧洲市场的增长；亚洲是全球第二大保理市场，保理业务增速最快，自 2010 年之后市场份额稳定在 20% 以上，但是在 2015 年首次出现负增长，相较 2014

年保理业务量减少了8%；澳洲和非洲的保理业务一直处于较小的规模，占全球份额均在3%以下，并且增长与收缩交替出现，说明这两大地区的保理市场仍不成熟。总的来看，2015年是全球保理业务经历严峻挑战的一年，除欧洲市场仍有小幅增长外，其他四大洲的保理业务均有所下降，其中非洲降幅最大，相较于2014年业务规模下降了13%。

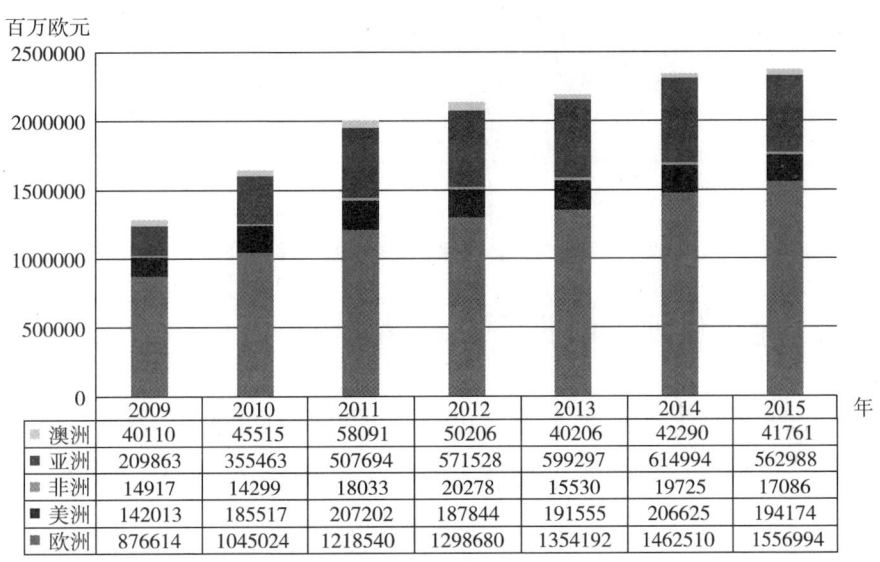

百万欧元	2009	2010	2011	2012	2013	2014	2015
澳洲	40110	45515	58091	50206	40206	42290	41761
亚洲	209863	355463	507694	571528	599297	614994	562988
非洲	14917	14299	18033	20278	15530	19725	17086
美洲	142013	185517	207202	187844	191555	206625	194174
欧洲	876614	1045024	1218540	1298680	1354192	1462510	1556994

图2-2　全球保理业务区域分布情况

从国家细分来看，如图2-3所示，2015年英国保理业务规模最大，总量达到3766亿欧元，占全球保理市场业务总量的15.87%；紧随其后的是中国，总量约3529亿欧元，占比14.87%；其他排名前十的国家依次为法国、德国、意大利、西班牙、美国、荷兰、比利时和日本，十个国家的保理业务总量占据了全球保理市场份额的74.52%。同时也可以看出，排名前十的国家中有七个属于欧洲，两个属于亚洲，一个属于美洲，由此也可以看出欧洲是全球最大的保理市场。

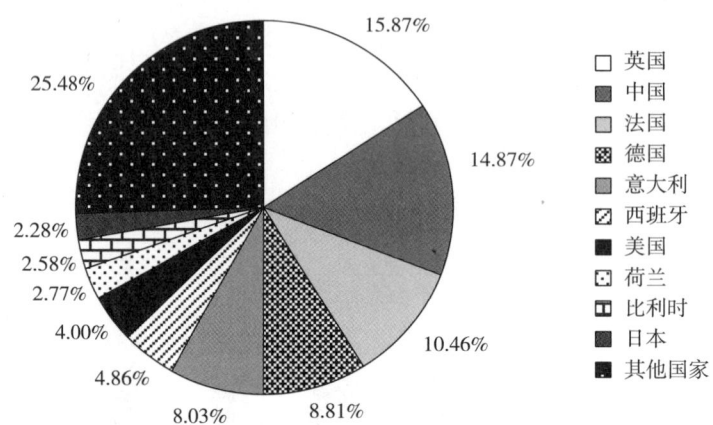

图2-3　2015年全球保理业务量排名前十国家

三、全球保理市场业务构成情况

从全球保理业务构成来看，可以发现仍以国内保理为主，国内保理业务几乎占据全部保理业务的4/5，但是自2012年以来其增速逐渐放缓，2015年甚至出现负增长；而同期国际保理业务增幅较快，过去6年年均复合增长率达21%，其占整体保理业务的份额也逐年上升，从2009年的13%升至2015年的23%。

进一步，依据FCI成员数据将其国内保理和国际保理业务进行细分①。从图2-5中可以看出，FCI成员的国内保理业务以无追索权保理为主，其次为以提供融资为主的商业发票贴现、有追索权保理，托收

① 由于FCI成员保理业务量占据全球保理业务量的60%以上，其业务细分构成可以作为全球保理市场业务细分构成的有益参照。

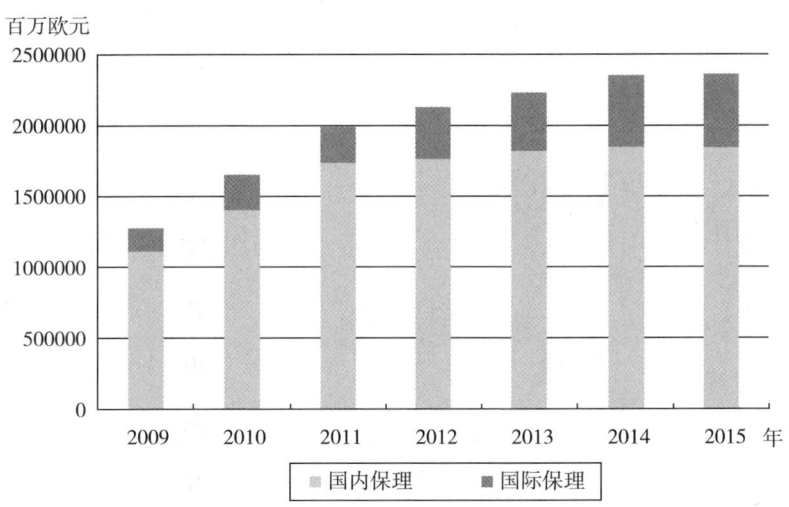

百万欧元

图2-4　全球保理业务构成情况

业务占据较小的比例。国际保理业务以出口保理为主,其次是出口商业发票贴现,进口保理占据份额较小、不足15%。

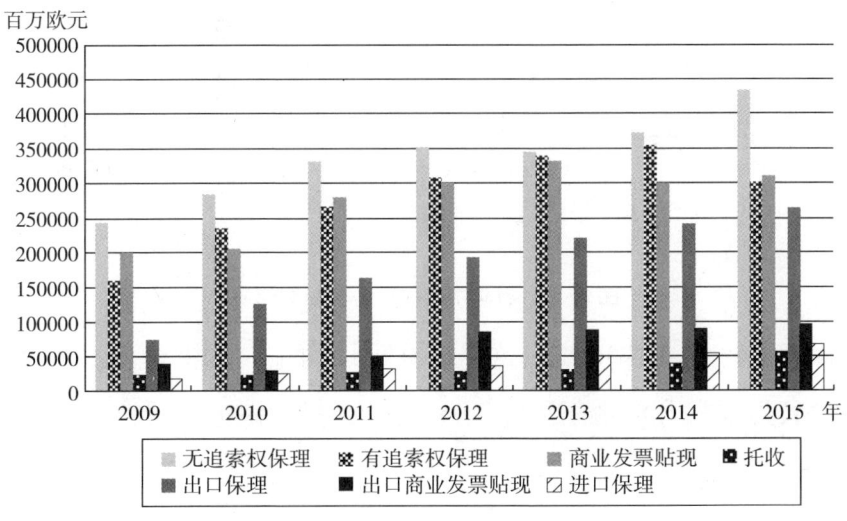

百万欧元

图2-5　FCI成员保理业务构成情况

第二节　我国保理业发展现状

　　根据 FCI 公布的统计数据，2015 年中国保理业务总量为 3529 亿欧元，其中：国内保理为 2266 亿欧元，国际保理为 1263 亿欧元，国际保理业务占比约为 36%，高于同期全球平均水平（23%）。相较于2014 年，2015 年我国保理业务规模下降了 15% 左右，占全球保理业务量比重也由 2014 年的 17.3% 下降到 14.87%，在全球市场排名第二仅次于英国。

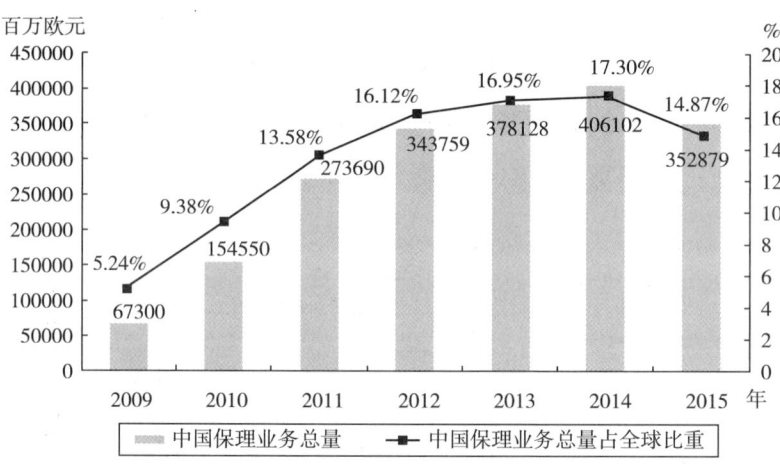

图 2-6　历年中国保理业务总量情况

　　保理业务量占 GDP 比重这一指标可以衡量一国保理发展程度，可将其命名为"保理渗透率"[①]。2009 年我国保理渗透率只有 1.86%，低

---

　　① 中国银行业协会保理专业委员会：《中国保理产业发展报告（2014）》，中国金融出版社，2015。

于同期全球平均水平；之后几年我国保理业务渗透率不断上升，且增速显著高于全球平均水平，2013 年达到最高点 5.29%，比全球平均保理渗透率高出 1.25%；2013 年之后我国与全球保理业务量占 GDP 比重均逐渐下降，2015 年恢复到与 2010 年相当的水平。虽然我国保理业务总量很大，排名全球第二，但保理渗透率相对其他保理发达国家来讲还很低，特别是与欧洲国家如比利时、英国相比还有很大的差距，说明我国保理市场还具有很大的成长空间。

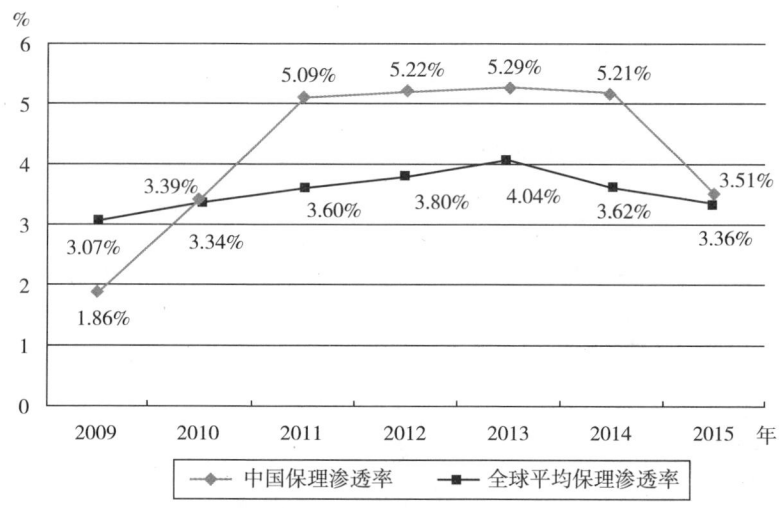

数据来源：全球 GDP 数据来自世界银行，保理数据来自 FCI 网站。

图 2-7 中国与全球保理渗透率

一、我国银行保理发展现状

根据保理专业委员会的统计数据，2015 年全年，保理专业委员会全体成员单位保理业务量折合人民币 2.87 万亿元人民币，同比下降 1.71%。其中，国际保理业务量 1220.01 亿美元，同比下降 0.36%，

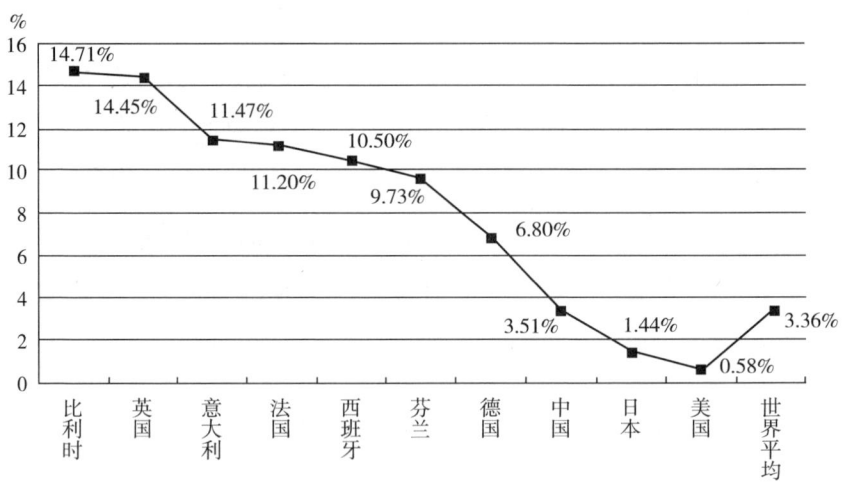

数据来源：GDP 数据来自 IMF2016 年发布的《世界经济展望》，保理业务量数据来自 FCI 网站。

图 2-8 2015 年全球保理业务量排名前十名国家保理渗透率

占比 27%；国内保理业务量 2.09 万亿元人民币，同比下降 3.69%，占比 73%。各品种业务量及占比如图 2-9 所示：

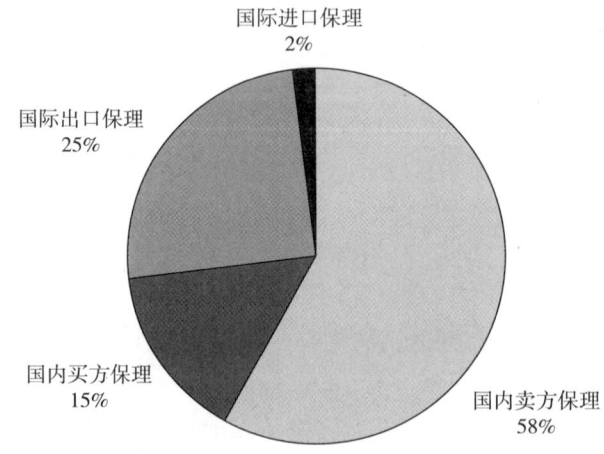

注：数据均来自保理专业委员会的统计结果。

图 2-9 2015 年银行保理主要产品占比情况

中资银行占据主要市场份额，国际保理业务中，中资银行占比98.19%；国内保理业务中，中资银行占比99.15%，如图2-10所示。

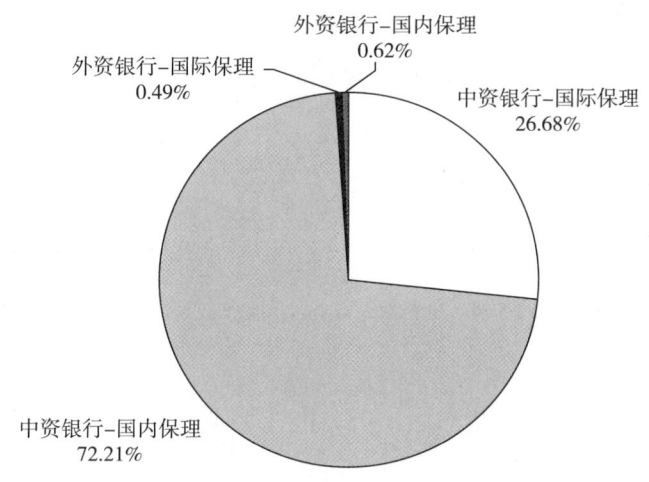

外资银行-国内保理
0.62%

外资银行-国际保理
0.49%

中资银行-国际保理
26.68%

中资银行-国内保理
72.21%

图2-10 2015年中外资银行保理主要产品占比情况

从国际保理结构分析来看，2015年国际保理业务中，出口保理1131.27亿美元，占比92.72%，业务量同比下降0.46%；进口保理88.74亿美元，占比7.28%，业务量同比增长0.94%。在出口保理业务中，无追索权出口保理业务量为143.13亿美元，有追索权出口保理886.16亿美元，银保合作保理101.98亿美元。在进口保理业务中，承担进口商风险的进口保理业务85.85亿美元，托收型进口保理业务量为2.89亿美元。

二、我国商业保理发展现状

自2012年以来，我国商业保理行业呈现迅猛的发展态势。从注册企业数量来看，2015年我国新设立商业保理公司1294家，比2014年增长了53%，比2013年增长了547%。截至2015年底，全国共有2514家登记在册的商业保理公司，2015年当年注册成立商业保理公司1211家、分公司83家，新增数量较2014年增长43.3%，是2012年商务部批准商业保理公司试点当年成立公司数量的27.66倍。截至2015年12月31日，全部商业保理公司注册资金折合人民币已累计超过1970亿元。2015年全国商业保理业务量超过2000亿元人民币，融资余额500亿元人民币，均是2014年的2.5倍。随着商业保理的不断发展，商业保理公司的各项经营指标均大幅增长，商业保理正快速实现从量到质的提升。

从地域分布来看，截至2015年12月，除了海南、宁夏、甘肃、贵州四省，全国其他省份和直辖市都设立了商业保理公司或商业保理分支机构。广东（包括深圳）、上海、天津三地由于试点时间早，配套政策及环境相对比较成熟，仍然是商业保理公司首选的注册地。北京市石景山区、顺义区、海淀区，重庆市等地也相继放开试点，分别制定了试点管理办法或出台相关优惠政策吸引商业保理机构入驻。在国家大力推行设立自由贸易区的大背景下，深圳前海深港合作区、上海自贸区、天津自贸区、福建自贸区等各自贸区针对商业保理行业也分别出台了各种金融便利化政策，吸引众多商业保理公司注册成立。

尽管新注册的商业保理公司数量增长迅猛，但受限于资金规模小及专业人才匮乏等因素，真正开展保理业务的企业并不多，多数为空壳公司。据《中国商业保理行业发展报告（2015年）》估计，目前2000多家商业保理公司中，实际从事保理业务的活跃保理商为20%左右，这些保理商的股东背景多为金融集团、大型国企、上市公司、电

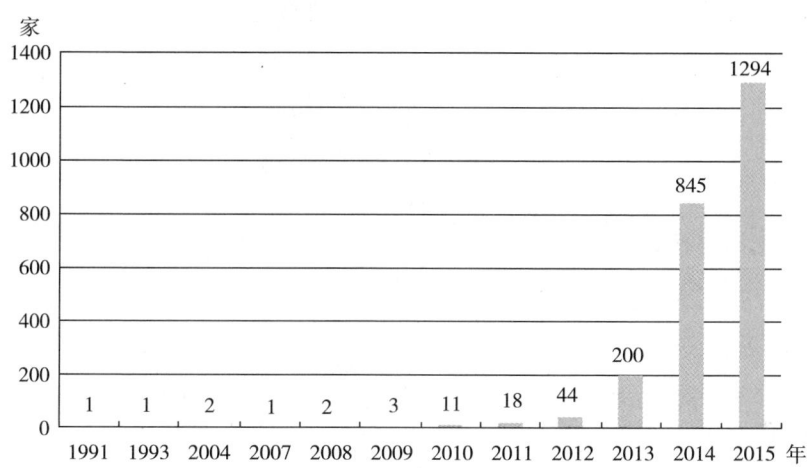

数据来源：2014 年和 2015 年《中国商业保理行业发展报告》。

图 2－11　历年新注册商业保理公司数量

商平台。这 500 家已经开业的商业保理公司服务了约 31500 家中小企业，平均每家企业获得保理融资约为 635 万元。

从商业保理公司实际经营业务来看：2015 年初，商业保理专业委员会对 38 家会员单位进行调查，结果显示：每单业务规模很小，100 万元人民币金额以下的合同占比 99% 以上，这与我国商业保理公司主要服务于中小企业的定位一致；保理业务收入以保理融资利息收入为主，只有小部分来自应收账款管理、应收账款催收和坏账担保等保理服务费收入，这说明商业保理公司尚未充分挖掘除融资以外的其他业务特长，过于依赖操作简单的借贷模式，从融资型保理业务占比 99.9% 以上可以得到印证；业务类型以风险较小的有追索权保理、操作难度较低的国内保理为主。

表 2 - 1   2014 年我国商业保理公司业务明细

分类	明细	占比（%）
保理合同笔数	合同金额 100 万元以下	99.5
	合同金额 100 万元以上	0.5
保理业务收入	预付款利息收入	72
	保理服务费收入	27
	其他收入	1
保理业务量 - 分类 I	国内保理	97
	国际保理	3
保理业务量 - 分类 II	有追索权保理	73
	无追索权保理	27
保理业务量 - 分类 III	融资型保理	99.9 以上
	非融资型保理	不足 0.1
保理业务量 - 分类 IV	单保理	94
	双保理	6
保理业务量 - 分类 V	有追索权保理	99.6
	无追索权保理	0.4

数据来源：《中国商业保理行业发展报告（2014 年）》。

2016 年初，商业保理专业委员会对 46 家会员单位进行了调查，结果显示：46 家公司的注册资本金总计 72 亿元，实缴资本金总计 68 亿元，大多为正常经营企业，2015 年业务量总计 1144.3 亿元，占全国商业保理业务量的 57%，融资余额总计 274.7 亿元，占全国商业保理融资余额的 54%。商业保理公司由于股东背景及专业团队的不同，经营差异较大。从业务集中度来看，商业保理公司经营两极分化现象明显，融资余额排名前二十的商业保理公司，融资余额总量基本可达 46 家公司总量的 90% 左右，而其余 26 家商业保理公司则占比在 10% 以内。大型企业股东商业保理公司大多资金实力及融资能力较强，专业化人才较为集中，业务规模及成长性较好，融资余额基本在 2 亿元以上。其他企业及自然人股东的商业保理公司中经营两极分化特征更为明显，在 25 家企业中，融资余额达到 10 亿元以上的公司仅为 4 家，融资余额占此类公司融资余额总量的 73%，也反映出在其他企业及自然人股东的商业保理公司中只有极少部分公司能够突破困境，走出专业化、可持续发展模式，而其余大部分公司仍然在摸索中前行。

大型企业背景的商业保理公司根据集团战略要求和公司发展定位的不同，在业务定位上主要分为三类：第一类主要为股东企业上下游客户开展保理业务，选择的核心企业即股东企业，并根据股东企业的业务导向和保理业务的风控要求选择股东企业的上下游客户；第二类主要开展集团外部的业务，核心企业的选择以中央企业、国有企业、上市公司、民营龙头企业为主，并为符合授信条件的核心企业的上下游客户开展保理业务；第三类股东产业链和外部业务兼营。

经过近几年的快速发展，我国商业保理业务几乎涵盖所有行业，上述 46 家公司中开展最多的行业为制造业，占比 41%；其次是批发零售业，占比 35%；建筑业位居第三，占比 16%。其他行业虽然商业保理公司也有所涉猎，但由于其行业的专业性、垄断性以及基础交易和结算的特殊性，商业保理业务无法广泛开展，业务开展规模相对较少。

表 2-2　　　　　　　　　　商业保理样本公司客户行业分类　　　　　　　单位：%

企业类型	占比
制造行业	41
批发和零售行业	35
建筑业	16
电力、热力、燃气及水生产和供应业	3

续表

企业类型	占比
交通运输、仓储和邮政业	1
信息传输、软件和信息技术服务业	1
房地产业	1
采矿业	1
其他	1

数据来源：《中国商业保理行业发展报告（2015年）》。

虽然国家和地方都已经在政策法规方面为保理应收账款发展制定了指引，但是目前商业保理行业在快速发展的过程中仍存在以下困境：首先，缺乏国家层面的统一指导；其次，商业保理公司/企业主体认定模糊；最后，存在重准入轻监管现象。

三、银行保理与商业保理比较

商业保理业务虽然起步较晚但发展较快；但不论从规模还是影响力，银行保理占据市场主导地位。两者除了自身发展现状存在较大差距，主要区别还体现在两者监管不同。银行保理业务的主管部门是银监会，商业保理业务的主管部门是商务部。银监会于2014年发布了《商业银行保理业务管理暂行办法》。商务部于2015年发布了《商业保理企业管理办法（试行）》。因商业银行和商业保理公司的经营管理存在较大差异，银行保理办法和商业保理办法在内容上各有侧重。《中国保理产业报告（2014）》中指出二者的区别主要体现在以下几个方面：

（一）业务定义

两个办法均明确了保理业务的四项服务功能，即应收账款催收、管理、坏账担保/还款保证、融资，但对提供服务的最低要求不同：银行保理办法规定只要提供一项服务即为保理业务，即商业银行受让应收账款后仅提供融资也属于保理业务范畴；商业保理办法规定商业保理业务需提供至少两项服务。两个办法的保理业务定义与国际惯例均存在一定差别。根据GRIF，不论是否融资，保理商需为债权人提供应收账款催收、管理和坏账担保中至少一项服务。

（二）业务分类

与银行保理办法的着眼点和关注点有所不同，商业保理办法根据应收账款到期前是否预先支付相应对价，将保理业务分为融资保理和非融资保理。还需要特别指出的是，商业保理办法对再保理企业及再保理业务做了明确定义，允许商业保理公司与再保理企业开展"同业"保理融资，而银行保理办法没有类似的规定。

（三）关于未来应收账款

两个办法的应收账款限制性规定的主要差异在于未来应收账款：银行保理办法规定银行不得针对未来应收账款叙做保理融资业务；而商业保理办法允许商业保理公司针对满足一定条件的未来应收账款提供融资服务。

（四）关于转让登记

因应收账款转让登记的法律效力尚未明确，银行保理办法对应收账款转让登记事宜未做要求。在实务中，基于审慎经营的考虑，不少商业银行办理保理业务时均在中国人民银行征信中心建设运营的"动产融资统一登记平台"（以下简称中登网）进行应收账款转让登记，以防范重复融资风险。而商业保理办法则规定"商业保理企业应在商务部认可的应收账款转让登记公示系统办理应收账款转让登记，将应收账款权属状态予以公示"。据了解，上述商务部认可的转让登记公示系统是指商务部正在开发的"商业保理业务信息系统"，该系统是否向商业保理公司之外的机构开放查询及登记功能尚未可知。但能肯定的是，同时并行的多套应收账款转让登记系统将要求银行和商业保理公司在办理保理业务前通过每个系统查询应收账款权属情况，这将给业务操作增加难度，并给风险防控带来新的课题。

（五）关于征信报送

从报送内容来看，银行保理业务并不报送商务合同的违约行为；而商业保理业务项下，商业保理公司还需将商务合同的违约情况计入债权人或债务人的违约记录。可以说，商务部建立的"商业保理行业信用信息数据库"是对人民银行征信中心建立的"企业征信系统"的有益补充，对推动我国信用环境建设将起到积极的作用。

第三节　国内外保理业比较

中国作为新兴的保理市场，与欧美发达保理市场在外部环境、保理业务的运作模式、双保理产品的应用等方面存在较大区别。

一、保理业外部环境

保理业务发展所面临的外部环境主要包括社会信用体系和法律体系。

（一）社会信用体系

信用是市场经济运行的前提和基础，保理则是信用社会的产物。在市场经济条件下，日益扩展和复杂化的市场关系逐步构建起彼此相连、互相制约的信用关系。没有信用，就没有市场经济存在的基础，也就没有保理业务生存的空间。

欧美发达国家市场经济历史久远，经过多年的实践，顺应市场经济发展的趋势，已经建立起了相对比较完善的社会信用体系，形成了良好的信用环境与信用秩序，失信违约成本较高。良好的社会信用体系为保理业务的发展创造了良好的条件。

在我国，随着社会主义市场经济的发展，建立在债权债务关系上的信用经济已取代实物和现金交换，在经济生活中占据中心地位。改革开放以来，我国信用经济规模不断扩大、结构日趋复杂，正在成为驱动社会主义市场经济发展的支柱力量。随着我国经济的快速发展和市场化程度的提高，客观上对社会信用体系的建立提出了迫切要求。党和政府高度重视社会诚信建设。党的十八届三中全会《决定》强调："建立健全社会征信体系，褒扬诚信，惩戒失信。"2016 年 6 月 27 日，习近平总书记主持召开中央全面深化改革领导小组第二十五次会议，通过了《关于加快推进失信被执行人信用监督、警示和惩戒机制建设的意见》，强调构建"一处失信、处处受限"的信用惩戒大格局，让失信者寸步难行。国务院印发的《社会信用体系建设规划纲要（2014—2020)》，提出了信用体系建设的整体思路和基本原则。近几年，一些部门和地区相继开展了多种形式的社会信用体系建设试点工作，我国社会信用体系建设取得了一定进展，但总体看，我国的社会信用体系建设仍处于起步阶段，依然存在着信用透明度不高、基础数据缺失、失信成本低等问题。不健全的社会信用体系是阻碍我国保理业务发展的一大"瓶颈"，需要较长时间来完善。

（二）法律体系

世界范围内，关于保理的专门成文法比较有限。但是，从欧美国家保理业相对发达来看，这不仅仅在于其信用体系建设完善，与其和保理相关的法律体系相对健全也不无联系。早在1823年英国就颁布了《保理商法》，美国1889年颁布了《保理商法》。尽管这两部法规施行了较长时间，但是由于当时的保理商实质上是商务代理人，上述法规是代理法的范畴，随着保理业务的发展，目前已不再适用。保理的基础是应收账款的转让，所以保理可适用的法律散见于民商法规中有关债权转让的法律规范，这方面的法律规范在欧美等发达国家或地区比较健全。例如，债权转让的主要成文规则有：《美国统一商法典》（简称 UCC)、《英国 1925 年财产法案》、《德国民法典》、《法国民法典》、《日本民法》、《俄罗斯联邦民法典》等，美国个别州有专门的保理商法，印度、塞尔维亚等发展中国家近年来也制定了保理的专门法律。此外，判例是英美法系的主要法律渊源，关于保理案件也已形成了很多成熟判例。

长期以来，我国在保理领域始终没有专门的法律制度，且成熟判例相对较少。近年来，银监会颁布了《商业银行保理业务管理暂行办法》，商务部出台了《关于商业保理试点有关工作的通知》，制定了《商业保理企业管理办法（试行）》并已公开征求意见，各商业保理试点地区也相继推出商业保理的地方行业政策，这些保理监管政策虽然具有一定的指导作用，但保理业务涉及的一些核心法律问题仍有待解决。

中国银行业协会保理专业委员会 2015 年的"应收账款融资业务相关法律问题"课题研究工作发现，保理业务在如下法律方面尚有待进一步明确：第一，尚无关于应收账款内涵在法律层面上的明确界定；第二，在民事案件案由中无保理明确案由；第三，无针对应收账款转让通知的明确效力界定，如通知的主体、内容、方式等模糊不清；第四，法院是否可以合并审理有追索权保理纠纷尚不明确［即保理银行可以同时向卖方追索（行使回购权），又向买方追索（行使债权）］；第五，应收账款转让登记的平台和形式尚无法律上的明确。

例如，对作为保理业务基础的应收账款转让，在我国目前的司法实践中，其法律性质通常被界定为债权转让，相关法律条款分散在《合同法》、《民法通则》、《物权法》等法律中，但这些条款对保理业务而言，针对性不强，界定不够清晰，存在应收账款的定义和范围不清、应收账款的转让与质押的法律效力不明、应收账款转让登记的内容和效力未定等问题。一旦发生涉及保理合同纠纷的仲裁、诉讼时，仍存在无法可依的问题。

在司法判决方面，目前涉及保理业务的在审案件虽然急剧增加，但各地法院仍在摸索阶段，成熟判例较少。虽然近年来最高人民法院以及北京、天津等地的高级人民法院均就保理合同纠纷案件发布了审判意见，但各地法院对保理合同纠纷立案的案由、司法管辖权、保理商向买卖双方同时追索的合并审理等问题缺乏统一的标准，导致判例存在较大差异，同一类型的案件出现截然不同的审判结果。

二、保理业运作现状

（一）保理主体

欧洲大陆的保理公司大多为银行附属保理公司，独立的商业保理公司很少。例如英国汇丰银行（HSBC）、法国巴黎银行（BNP PARI-BAS）、法国农业信贷银行（Credit Agricole）、荷兰银行（ABN AMRO）等都在欧洲各地设立了许多附属保理公司。银行附属保理公司兼具银行保理和商业保理两方面的优势：一方面依托强大的股东背景，融资渠道广阔，融资资金成本较低，例如通常可直接从母银行获得流动性支持；另一方面，作为单独的法人实体，管理上具有一定自主性，专业性较强，有不同于银行的授信体系和营销体系，有完备的业务操作系统。同时，银行附属保理公司能利用母银行的客户资源开拓业务，并实现与母银行的客户资源互补，将母银行挖掘的但却无暇顾及或认为风险较大的中小企业定为目标客户，为此类企业提供针对其唯一有价值的资产——应收账款的融资及服务，待其发展壮大，有多方面的业务需求时，再由母银行来满足其需求。

在英美国家，存在一些银行附属保理公司，但同时也存在着大量独立的商业保理公司，例如美国的 CIT、Rosenthal 和英国的 Bibby 等。这些商业保理公司通常都有自己的细分专业领域或市场，对某一行业或地域挖掘很深，专业性较强。与此同时，英美市场上有很多银行、银行附属保理公司会提供再保理服务，商业保理公司能通过再保理获得资金支持。

在我国，银行保理长期占据主导地位，并且主要是由银行内部保理部门而非附属公司办理业务，这容易导致保理定位不明确、专业性不强。实际上目前我国主要保理商——银行保理商开展保理业务所采取的业务操作和服务形式都属于非典型的保理，与国际主流做法有相当大差距，主要表现为银行仍按照一般信贷的管理办法对客户进行评估和授信，侧重客户的资产负债情况和盈利能力，而非应收账款本身质量，并且保理融资占据企业在银行的信用额度。这种情况下，保理客户就集中在大型企业、上市公司、国企等易于在银行取得信用额度的优质客户，原本就难以得到银行授信的中小企业又被排除在银行保理业务之外。商业保理虽然发展很快，但商业保理公司自身融资渠道不畅，银行很少为商业保理公司提供再保理服务，商业保理公司受制于资金约束，提供服务的能力受到限制。此外，商业保理市场刚刚兴起，商业保理公司良莠不齐，一些商业保理公司打着创新的旗号，做了很多违背行业本质的所谓"创新"，如此盲目发展有可能自毁前程。

（二）保理业务模式

国际双保理是国际保理市场上的一项成熟产品，被全球各类保理商广泛接受与应用，历史悠久。国际双保理之所以盛行主要是因为债权人（卖方）与债务人（买方）处于不同的国家，由于国家之间商业习惯和法律环境等的区别，由债权人所在国的保理商在债务人所在国调查资信情况、追索债权存在较大难度，需要借助债务人所在国的保理商来协助开展尽职调查、应收账款催收（包括承担债务人的信用风险），解决出口保理商与进口商之间的信息不对称问题，因此，国际双保理模式应运而生，这也是 FCI 等国际保理组织成立的初衷。

但是我国目前单保理（即通常所称的"出口商业发票贴现"）的业务量远大于出口双保理，原因是多方面的：进口保理商佣金较高，双保理业务流程较复杂而单保理更快捷，有些进口国无进口保理商覆盖或进口保理商无法授予进口商额度。目前客户对单保理更加熟悉，双保理尚需推广。

（三）保理产品种类

从全球来看，无追索权保理业务量最大，其次是有追索权保理和商业发票贴现。但在我国，保理商更倾向于向客户提供有追索权的保理业务，如果买方不付款，风险仍由卖方承担，这虽然降低了保理商的风险，但却大大削弱了保理相对于其他贸易金融工具的突出优势，从而降低了对企业的吸引力。这种局面反映了保理商对于保理业务中的信用风险因素不能很好地把握，资信调查水平较低、坏账担保能力较弱，这也与我国整体信用环境不佳、保理业发展时间较短、从业人员素质不高、可供借鉴的经验不多、技术条件有限有关。

同时，当前我国保理业过于侧重提供融资保理服务，开展的应收账款管理、坏账担保等非融资保理服务较少，偏离了保理的新型综合金融服务工具的性质，未能充分发挥保理的作用。当然，这是与我国国情相关，我国中小企业最大的困难就是融资难，最大的需求就是融资需求，因此保理的贸易融资功能被发挥到极致。与此相反的是，日本等国银行利率水平很低、企业很容易获得银行融资，不需要转向保理商获得融资，因而保理商主要承担商业服务角色，提供非融资保理服务。

第三章　保理业的法律环境

　　本章对保理业的国内外法律环境进行梳理，包括我国开展保理业主要适用的国际公约、国际惯例以及我国国内法律法规和政策，并对相关规定进行阐述和归纳，由于 GRIF 对我国保理业具有重大参考价值，因此在第三节中对其进行通篇解读。

第一节　保理业的法律体系

　　保理业的法律体系由国际公约、国际惯例、国内法律法规、地方政策规章、司法判例与司法解释、行业自律公约和规范构成。按照我国《民法通则》第一百四十二条规定，"中华人民共和国缔结或者参加的国际条约同中华人民共和国的民事法律有不同规定的，适用国际条约的规定，但中华人民共和国声明保留的条款除外。中华人民共和国法律和中华人民共和国缔结或者参加的国际条约没有规定的，可以适用国际惯例"，我国缔约或参加的国际公约在法律效力上优先于我国法律，我国法律又优先于国际惯例。行业自律公约的法律效力最低，当与国家法律、法规和监管部门规章不一致的，依有关法律、法规和监管部门规章执行。

一、国际公约与国际惯例

与保理相关的国际公约主要有国际统一私法协会制定的《国际保理公约》及联合国贸易法委员会制定的《联合国国际贸易中应收款转让公约》（以下简称《转让公约》），国际惯例主要有 FCI 制定的《国际保理业务通用规则》（以下简称 GRIF）。我国尚未成为《国际保理公约》、《转让公约》的缔约国，上述两个公约对我国保理业不具有约束力，所以实践当中我国保理业主要参照的国际规则为 GRIF。

《国际保理公约》是专门用于调整国际保理法律关系的国际公约，为国际保理业务提供了一个基本的法律框架，对当事人各方的权利和义务、再转让等进行明确，但总体上规定比较空泛、可操作性不强。

GRIF 是由当前最大的也是在国际上最具影响力的国际性保理组织 FCI 制定的，是规范国际双保理业务中进出口保理商权利义务的国际惯例规则，在国际保理界得到广泛应用，类似于国际信用证的 UCP。GRIF 总体上对进口保理商更有利，但是其第七条指出，如果进出口保理商之间达成的书面协议与 GRIF 规则有偏差时，协议内容具有优先权。所以，对于出口保理商可以考虑在双保理协议中加入一些更有利于本方的条件或排除一些 GRIF 中对出口保理商不利的条款①。

二、国内法律法规及地方政策

目前我国并未出台专门针对保理业务的法律，相关法律条文散见

---

① 中国银行业协会保理专业委员会：《银行保理业务理论与实务》，中国金融出版社，2013。

于《合同法》、《物权法》、《民法通则》、《民事诉讼法》、《担保法》等相关法律中，但是我国各部委及地方政府已经出台了一些部门规章、地方法规专门用于规范保理业务的发展，包括中国人民银行发布的《应收账款质押登记办法》（中国人民银行令［2007］第4号），银监会发布的《商业银行保理业务管理暂行办法》（银监会令［2014］第5号）对商业银行开展的保理业务进行规范，对保理业务的定义和分类、保理融资业务管理、保理业务风险管理、法律责任等进行明确；商务部发布的《商务部关于商业保理试点有关工作的通知》（商资函［2012］419号）、《商务部关于香港、澳门服务提供者在深圳市、广州市试点设立商业保理企业的通知》（商资函［2012］1091号）、《关于做好商业保理行业管理工作的通知》（商办秩函［2013］718号），就商业保理试点工作提出一些政策指导。地方政府根据商务部的通知也相继出台了相关政策，如表3－1所示：

表3－1　　　　　　　　近年地方政府出台的保理相关政策

省市	时间	保理相关政策法规
天津	2012 年 10 月	《天津市商业保理业试点管理办法》
	2013 年 5 月	《关于在滨海新区开展商业保理业营业税差额征税管理办法试点的通知》
	2013 年 11 月	《关于修改天津市商业保理业试点管理办法的通知》
上海	2012 年 12 月	《上海市浦东新区设立商业保理企业试行办法》
	2013 年 8 月	《上海市浦东新区商业保理试点期间监管暂行办法》
	2014 年 1 月	《关于黄浦区商业保理企业设立和管理试行办法的通知》
	2014 年 7 月	《上海市商业保理试点暂行管理办法》
上海自贸区	2014 年 2 月	《中国（上海）自由贸易试验区商业保理业务管理暂行办法》
深圳	2013 年 8 月	《深圳市外资商业保理试点审批工作暂行细则》
重庆	2013 年 12 月	《重庆两江新区商业保理试点管理办法》
广州	2014 年 2 月	《广州市外商投资商业保理业试点管理办法（试行）》

续表

省市	时间	保理相关政策法规
南京	2015 年 8 月	《南京市商业保理试点管理办法》
北京	2014 年 5 月	《北京市石景山区设立商业保理公司试行办法》
	2015 年 6 月	《北京市海淀区商业保理管理办法（试行）》
福建	2015 年 5 月	《中国（福建）自由贸易试验区商业保理业务试点管理暂行办法》

三、国内司法解释、判例与司法建议

近年来，随着保理业务的迅速发展，保理涉及的纠纷也呈现增长态势。国内保理进入诉讼领域的保理纠纷主要是融资性保理。国内审判实践较多涉及的保理分类包括：一是按照保理商无法偿付应收账款时能否向债权人反转让应收账款、要求债权人回购应收账款或归还融资，分为有追索权保理和无追索权保理；二是按照是否将应收账款转让事实通知债务人划分为明保理和暗保理；三是按照是否包含保理融资服务划分为融资性保理和非融资性保理。

我国最高人民法院及地方法院的司法解释、判例与司法建议为保理业务的开展提供了一些指引，这对促进保理纠纷审理过程中相关案件司法尺度的统一具有积极作用，对社会实践具有较强的指导价值。

目前对保理业实践具有较大影响力的司法解释，主要有天津市高级人民法院 2014 年第 27 次审判委员会会议专题研究形成的《天津市高级人民法院关于审理保理合同纠纷案件若干问题的审判委员会纪要（一）》，就保理法律关系的认定、保理合同的效力、案由的确定、管辖的确定、当事人的诉讼地位、权利冲突的解决、登记公示和查询的效力予以解释；2015 年第 22 次审判委员会会议形成的《天津市高级人民法院关于审理保理合同纠纷案件若干问题的审判委员会纪要（二）》，就债权转让通知的形式与效力、债务人对应收账款进行确认的效力、基础合同中债权禁止转让的约定及基础合同变更对保理商的影响等难点问题进行解释。

2015 年 5 月，北京市高级人民法院民二庭公布《当前商事审判中需要注意的几个法律问题》，主要针对涉保理的合同纠纷中的案由问题、法律适用问题、有追索权保理合同的诉讼主体等提出了基本审判指导意见。

2015 年 12 月 24 日，最高人民法院民二庭公布《关于当前商事审判工作中的若干具体问题》，在"关于保理合同纠纷案件的审理问题"一节中，明确了保理合同的案由（在保理合同纠纷对应的案由方面，最高人民法院已将此纳入到新修订的案由规定中予以考虑，在新的案由规定尚未出台之前，可将其归入"其他合同纠纷"中），厘清保理的交易结构和当事人之间的权利义务关系，明确了保理合同与基础合同的关系（基础合同的存在是保理合同缔约的前提。但是，二者并非主从合同关系，而是相对独立的两个合同）。

对保理业实践具有较大影响力的司法判例有最高人民法院民二庭终审判决的（2015）民二终字第 134 号案，即国中医药有限责任公司诉中信商业保理有限公司的票据纠纷案，该案是我国最高审判机关首次针对商业保理公司是否可以开展以承兑汇票作为付款条件的保理业务作出肯定，判决结果支持商业保理公司基于保理关系取得票据权利的合法性，具有开创性的意义。

江苏省高级人民法院民二庭 2015 年就国内保理纠纷相关审判实务

问题所做的专项调研课题报告显示：江苏法院受理的保理案件从主体情况看，保理商均为商业银行，无商业保理公司；从有无追索权看，均为有追索权保理；从担保情况看，大部分案件债权人均提供第三人保证担保；从争议焦点看，大部分案件无争议，少部分案件存在争议，包括刑民交叉程序处理、主合同和担保合同效力认定；保理商对虚假商业发票是否尽到审查义务、担保人能否据此免责等。该调研课题针对国内保理纠纷法律适用的十一个问题进行了分析，包括应收账款基础关系与保理合同关系能否并案处理及相关管辖问题、国内保理纠纷案由确定、债权人提供虚假应收账款情形下保理合同效力认定、转让未来应收账款情形下保理合同效力认定、违反债权让与限制性规定的债权让与效力认定、债权转让通知效力、内容及主体问题、同一应收账款多个受让人之间的优先权认定、同一应收账款转让与出质形成的权利冲突处理、保理商一并向债权人和债务人主张清偿的实体处理、债务人与债权人串通伪造虚假应收账款情形下债务人责任认定、保理专用账户性质认定等。

实务中由于暗保理产生的纠纷近年来日益增多，例如 2015 年 2 月至 2016 年 9 月，深圳前海合作区人民法院受理的保理合同纠纷中，属于隐蔽型商业保理（暗保理）合同纠纷的约占保理合同纠纷的 50%，其中 90% 以上案件是因为保理商不能在约定期限内汇收融资款而引发纠纷。

2016 年 11 月，深圳前海合作区人民法院向深圳市商业保理协会发出司法建议书。针对暗保理业务在基础合同项下交易可能不存在、应收账款的账户可以被更改、债权转让通知的主体和形式约定不明确等主要风险，司法建议书中提出以下四点建议：

（一）建立和完善保理业务审核制度，核查基础合同的真实性

保理公司应制定和完善基础合同真实性审查的操作要点，明确保理业务客户经理及相关审核人员的责任，重点应对买卖合同、票据进行细致审查，如应当在税务系统对发票进行核查，并注意加盖公章情况，以防发票"先开后废"、重复融资及虚假交易等现象，确保交易的真实性。

（二）加强对应收账款的监管，发现异常及时采取措施控制风险

保理公司应该设定专人跟进应收账款的回款，对监管账户加强管理，根据合同对还款期限的约定，一旦发现回款异常，应当立即采取相应措施，加强与购货商的沟通，查清具体原因，必要时将应收账款转让的通知送达给购货商，将暗保理转为明保理，如果达到条件时则可以提前回收贷款进而控制风险。

（三）明确应收账款转让通知的主体和形式，按照《合同法》规定及时履行通知义务

按照《合同法》第八十条规定，债权转让未通知债务人则对其不发生效力，故保理商与供货商在签订暗保理合同时，应当明确约定在条件成熟时债权转让通知的主体及形式。保理商可先行制作《应收账款转让通知书》，并由债权人先行签名确认，一旦出现合同约定情形

时，保理商可将该书面通知发送出去，以解决债务人以债权转让未得到原债权人确认进行抗辩的问题。

（四）组建专业的保理业务团队，加强对保理业务的指导和培训

组建高素质的保理业务团队关系到保理行业的持续健康发展。保理公司应当严格按照银监会的要求组建相应的团队，完善保理业务的前中后台管理流程，明确岗位职能，将内部风险管理落到实处。加强对保理业务人员的专业培训，加强对保理业务的认识，清晰地把握保理与普通贷款的区别，不能为了完成指标而简单套用普通贷款业务标准来开展保理业务，要认真评估保理业务的可适用性，以降低保理公司的融资风险。

四、行业自律公约和业务规范

行业自律组织为了保障行业成员的共同利益、创造公平有序竞争环境、促进行业可持续健康发展而制定的自律公约、业务规范也对行业成员具有约束力，是对政府监管的有力补充。

按照保理主体进行区分，我国存在商业保理和银行保理，前者受商务部主管，后者受银监会主管，相应地，我国存在商业保理自律组织以及银行保理自律组织。

中国服务贸易协会商业保理专业委员会是首家全国性商业保理行业自律组织，主任单位为商务部国际贸易经济合作研究院，目前已经制定了《中国服务贸易协会商业保理专业委员会工作条例》、《中国服

务贸易协会商业保理专业委员会会员自律公约》、《保理业务操作风险评估服务机构自律管理办法》、《商业保理从业人员自律公约》等制度规范，为商业保理行业的发展起到积极作用。

除了中国服务贸易协会商业保理专业委员会，我国还存在许多地方性商业保理行业自律组织，譬如国内首个商业保理行业协会上海浦东保理行业协会、广东省商业保理协会、深圳市商业保理协会、天津市商业保理协会，这些行业协会均会通过制定经营管理规范和服务标准、指导会员单位在法律框架内积极开展业务，促进行业发展。

中国银行业协会保理专业委员会是银行业保理业务自律管理的专业组织，制定了《中国银行业保理业务自律公约》、《中国银行业保理业务规范》、《中国银行业协会保理专业委员会信息交流工作规则》、《国内双保理业务合作协议范本 V1.0（试行）》，有利于银行保理业的健康有序发展。特别是《中国银行业保理业务规范》对银行保理的定义和分类、银行开展保理业务的内部管理需求、数据统计及信息披露等进行了详细的规定，成为银行保理业的主要参照物之一。

第二节　保理业的法律规定

一、保理的定义与分类

《国际保理公约》并没有直接给出保理的定义，而是在公约第一条中对保理合同进行界定，根据该合同供应商向保理商转让应收账款，保理商至少提供资金融通（包括贷款和预付款）、应收账款账目保持、应收账款托收、防止债务人拖欠付款四项服务中的两项，并且应收账款转让的通知应送交债务人。

GRIF（2013）第一条对保理合同的规定为：根据该合同供应商向一家保理商转让应收账款，不论其目的是否为了获得融资，保理商至少需要提供分户账管理、账款催收、坏账担保中的至少一项服务。

根据国际统一私法协会 1988 年《国际保理业务公约》（"UNIDROIT"，CONVENTION ON INTERNATIONAL FACTORING），保理的功能不仅仅局限于单纯的融资，还包括了应收账款催收、债务人管理及债务人违约保护。

由于保理是供应链金融技术中的主要内容之一，《供应链金融技术的标准定义》对保理及其相关概念做了定义。其中，对保理的定义是："一项已作定义的、作为应收账款购买形式的供应链金融技术，在该形式下，货物或服务的卖方将其应收账款（以未偿付发票显示）贴现出售给融资提供方（一般称为保理商）。保理的一个关键特征是，通常由融资提供方负责管理该类借方账款、催收该交易的应收账款"。保理区别于其他金融业务的特征是，融资提供方通常在提供资金的同时负责应收账款分账户管理和基础交易的催收工作，并常常可通过投保信用保险提供买方破产清算保护。

《供应链金融技术的标准定义》将保理业务分为国内、国际保理；有追索权保理、无追索权保理；隐蔽型保理或暗保理、明保理或通知型保理；全部保理、选择性保理或单项保理及发票贴现。该文件对各类保理类型进一步解释如下：

国内保理是指买方与卖方在同一个国家；

国际保理是指买方与卖方在不同国家；

有追索权保理是指在买方违约时，融资提供方有权对卖方进行追索；

无追索权保理是指在买方违约时，在事先确立的信用额度内融资提供方对卖方没有追索权。然而，在无追索权保理业务下，融资提供方仍可保留对卖方有限的追索权以确保卖方履约发货，满足买方付款条件。

隐蔽型保理或暗保理是指发票不带有应收账款转让通知，买方对卖方与融资提供方之间的协议并不知晓。为对买方保密，融资提供方以卖方的名义进行债务核查。通常买方将发票未清偿款项付至"信托"或"托管"账户。也有买方将资金付至卖方名下的普通活期存款账户的情况。卖方代融资提供方收款，有义务在收款后立即转付给融资提供方。

明保理或通知型保理是指发票带有转让通知，告知买方应收账款的转让。买方将未结清的发票支付给融资提供方才解除义务。

全额保理是指卖方将所有发票或经批准容许（保理商限额内）的发票转让给融资提供方；

选择性或单项保理是指卖方或融资提供方选择某个范围的发票转让给融资提供方，这些范围具有共同特征，例如买方名称、应收账款的适用法律、某一生产环节等。单项保理是指为单张发票办理的保理。

发票贴现是指卖方就其应收账款的未结款项与融资提供方进行协商，融资提供方选取特定买方的发票按一定比例进行融资。为卖方提供的融资金额根据销售分户账上未偿付余额部分金额，可根据保证差额再行调整。

我国《商业银行保理业务管理暂行办法》第六条将保理业务定义为"是以债权人转让其应收账款为前提，集应收账款催收、管理、坏账担保及融资于一体的综合性金融服务"。债权人转让应收账款后，商业银行向债权人提供应收账款催收、应收账款管理、坏账担保、保理融资中的至少一项服务为保理业务，同时明确指出以应收账款为质押的贷款不属于保理业务范围。该办法按照三种标准将保理业务进行分类：按照基础交易的性质和债权人、债务人所在地，分为国际保理和国内保理；按照商业银行在债务人破产、无理拖欠或无法偿付应收账款时，是否可以向债权人反转让应收账款、要求债权人回购应收账款或归还融资，分为有追索权保理（回购型保理）和无追索权保理（买断型保理）；按照参与保理服务的保理机构个数，分为单保理和双保理。

由商务部起草、目前正处于意见征集阶段的《商业保理企业管理办法（试行）》对保理业务的定义为"指商业保理企业受让应收账款的全部权利及权益，并向转让人提供应收账款融资、管理、催收、还款保证中至少两项业务的经营活动"，并将保理按两种方法进行分类：根据应收账款到期前是否预先支付相应对价，分为融资保理和非融资保理；根据受让人是否保留对转让人的追索权，分为有追索权保理和无追索权保理。

《中国银行业保理业务规范》对保理的定义与 GRIF 类似，"保理业务是一项以债权人转让其应收账款为前提，集融资、应收账款催收、管理及坏账担保于一体的综合性金融服务。债权人将其应收账款转让给银行，不论是否融资，由银行向其提供下列服务中的至少一项：1. 应收账款催收……2. 应收账款管理……3. 坏账担保"。并将保理业务分类为国际保理和国内保理、有追索权保理和无追索权保理、公开型保理和隐蔽型保理。

如果将保理业务中的应收账款催收、应收账款管理、坏账担保统称为非融资保理业务，将应收账款融资称为融资保理业务，国际惯例及我国部门规章对保理业务范围的规定存在宽窄区别。根据《国际保理公约》和《商业银行保理业务管理暂行办法》的规定，只需要提供所有业务中的任何一项即属于保理业务，但是按照 GRIF（2013）和《中国银行业保理业务规范》的规定，不管是否开展融资保理业务，保理商必须提供非融资保理业务中的至少一项；《商业保理企业管理办法（试行）》则规定商业保理公司需提供所有业务中的至少两项以上。从国内实践看，银监会在 2014 年颁布的《商业银行保理业务管理暂行办法》中将保理业务按照国内和国际保理，有追索权和无追索权保理及单保理和双保理分类，这与国际组织的分类方式一致，理念吻合。

二、保理项下应收账款内涵

《国际保理公约》第一章第一条规定："供应商可以或将要向保理商转让供应商与其客户（债务人）订立的货物销售合同产生的应收账款，但是主要供债务人个人、家人或家庭使用的货物的销售所产生的应收账款除外"。

GRIF（2013）第三条规定："应收账款的范畴包括与出口保理商签有协议的供应商以信用方式向债务人销售货物或提供服务所产生的应

收账款，该债务人所在国应被某进口保理商所提供的保理服务所覆盖。以信用证（不包括备用信用证）、凭单付现或任何种类的现金交易为基础的销售除外"。

《供应链金融技术的标准定义》对应收账款的定义是："借款人或债务人到期应向债权人支付的款项，包括但不限于在贸易往来中产生的应收账款、可流通金融工具项下的未到期款项等"。

《商业银行保理业务管理暂行办法》第八条规定："应收账款是指企业因提供商品、服务或者出租资产而形成的金钱债权及其产生的收益，但不包括因票据或其他有价证券而产生的付款请求权"，并在第十三条进一步解释了"因票据或其他有价证券而产生的付款请求权"是指"票据或其他有价证券的持票人无须持有票据或有价证券产生的基础交易应收账款单据，仅依据票据或有价证券本身即可向票据或有价证券主债务人请求按票据或有价证券上记载的金额付款的权利"。

《商业保理企业管理办法（试行）》对保理项下应收账款的界定与《商业银行保理业务管理暂行办法》相似，只是在排他条款中增加了不包括因提供金融服务形成的债权。

《中国银行业保理业务规范》规定："应收账款指权利人因提供货物、服务或设施而获得的要求义务人付款的权利，包括现有的和未来的金钱债权及其产生的收益，但不包括因票据或其他有价证券而产生的付款请求权。本规范所称应收账款包括下列权利：1. 销售产生的债权，包括销售货物，供应水、电、气、暖，知识产权的许可使用等；2. 出租产生的债权，包括出租动产或不动产；3. 提供服务产生的债权；4. 公路、桥梁、隧道、渡口等不动产收费权；5. 其他"。

综合 GRIF（2013）和我国《商业银行保理业务管理暂行办法》、《商业保理企业管理办法（试行）》、《中国银行业保理业务规范》的规定，保理商不得基于信用证项下的委托收款权利以及票据项下的付款请求权开展保理业务。但在实践中，许多商业保理公司为了解决应收账款确权难题，避免自己在要求买方履行应收账款到期还款义务时受到商业纠纷的拖累，开始青睐使用商业承兑汇票作为保理业务的付款条件，因为票据具有无因性，只要票据具备法定形式要件，票据权利就成立，而不受基础交易瑕疵的影响。然而，这样一方面背离了商业保理受让货物销售或服务提供合同项下应收账款的立法出发点，另一方面也挑战了银行在票据业务中的特许地位，所以商业保理公司能否开展以商业承兑汇票作为付款条件的保理业务，成为困扰商业保理公司的重大法律问题。

最高人民法院第 134 号判决书就上述问题给出了司法观点，值得参考。在该诉讼案中，国中医药有限责任公司作为票据承诺人基于五个理由主张中信商业保理有限公司不享有票据权利，其中值得关注的理由有两个：第一个是，中信商业保理有限公司取得的案涉商业承兑汇票不存在真实交易关系；第二个是，中信商业保理有限公司向该公司支付保理款是为了取得应收账款而非票据，因此并未对受让票据支付任何对价，不符合《票据法》第十条第二款关于"票据的取得，必须给付对价"的规定。最高人民法院针对这两点，指出中信商业保理有限公司提供的背书连续的案涉汇票、汇票到期被拒绝付款的证据，以及与卖方签订的《保理合同》及对账单、银行单据等证据，证明其是基于与卖方之间的保理业务关系取得案涉票据，符合《票据法》的规定，应当予以支持，要求国中医药有限责任公司按照汇票金额向中信商业保理有限公司付款，并支付汇票自到期日起直至实际清偿日止的利息。该案件对商业保理公司基于保理业务取得商业承兑汇票的票据权利予以肯定，具有开创性的意义，将对我国商业保理公司经营实践以及商业保理行业的司法实践产生深远影响。

三、关于应收账款债权转让效力

应收账款转让采取何种形式方使转让有效？应收账款转让满足何种要求才对债务人有效？

GRIF 规定应收账款转让的保理协议通常采取书面形式。但是，关于应收账款转让的有效性，各国法律对应收账款转让采取何种形式的规定差别很大。有的无任何规定，有的要求采取书面形式，有的要求采取登记形式。

例如，德国未做形式上的规定；瑞士要求必须采用书面形式；比利时要求采取背书发票副本形式；法国采取有效协议基础上和借助合同代位权实现的应收账款转让两种形式；美国要求订立书面协议，受让人还应及时发布登记融资报告；英国采取法定转让和衡平转让两种形式。法定转让要求书面协议形式，由供应商做有效签订，并且必须是整个债权的全部转让（不能附条件或只转让部分账款，还须书面通知债务人）。衡平转让不要求书面形式或全部权利的转让，只要求债权人有对债权的出售的明确示意图，以口头或行为方式进行让与均有效，也不要求必须通知债务人。

在应收账款转让对债务人的效力方面，各国法律规定的要件也各有不同：有的规定须征得债务人的同意，有的规定须在公共登记处登记，有的规定须以特定方式将转让适当通知债务人，有的则未规定应收账款转让对债务人生效的具体条件。总而言之，大致分为自由主义、通知主义和同意主义三大立法体例。自由主义是债权转让不必经债务人同意，也不必通知债务人；债务人若不知道债权已发生转让，仍向原债权人作出清偿；债务人若已经知道债权发生转让，则无论他是从何种途径获悉的，都应向受让人清偿才能解除其债务。德国、瑞士、美国基本上采取了自由主义原则。

通知主义是债权人转让其债权不必经债务人同意，但必须及时通知债务人。债务人接到债权转让通知后，或在公证文书对债权转让作出承诺后，债权转让才对其发生效力，受让人也只有在债务人收到转让通知后，才能享有受让的权利。大多数国家对应收账款转让都采用通知主义原则，如英国、法国、比利时、意大利、日本等。通知主义原则既考虑了债务人的利益，也尊重了债权人处分债权的自由。

同意主义是债权转让必须经债务人同意才能对其生效。极少国家采取这一立法体例。

我国关于应收账款债权的相关内容主要体现在《合同法》、《物权法》、《民法通则》等法律规定中：

1. 《合同法》

保理的核心是应收账款债权转让，保理合同本质上还是属于债权买卖合同，因此保理业务可以参照《合同法》的有关规定。

《合同法》第七十九条规定，"债权人可以将合同的权利全部或者部分转让给第三人，但有下列情形之一的除外：①根据合同性质不得转让；②按照当事人约定不得转让；③依照法律规定不得转让"。

针对"基础合同中债权禁止转让的约定对保理商的影响"这一问题，天津市高级人民法院关于审理保理合同纠纷案件若干问题的审判委员会纪要（二）指出："债权人与债务人约定债权不得转让的，债权人不得将应收账款全部或者部分转让给保理商，但保理商善意取得应收账款债权的除外。债权人违反基础合同约定转让不得转让的应收账款，如果因此给保理商造成损失，保理商向其主张承担赔偿责任的，应予支持，但保理商在签订保理合同时知道或者应当知道基础合同禁止转让约定的除外"。

针对"违反债权让与限制性规定的债权让与效力认定"问题，江苏省高级人民法院民二庭 2015 年就国内保理纠纷相关审判实务问题所做的专项调研课题报告认为："《合同法》第七十九条规定了三类限制让与债权，包括根据合同性质不得转让的债权、法律规定不得转让的债权以及当事人约定不得转让的债权，但就其转让效力未作规定。实践中，对于前两种债权，保理商能够鉴别，争议点主要是哪些债权属于依据合同性质不得转让的债权。就当事人约定不得转让的债权而言，转让人与债务人关于债权禁止转让的约定缺乏公示性、公开性，受让人无从知晓，一概认定保理商未取得应收账款，既不利于善意受让人的信赖利益保护，也与作为商业行为的保理业务注重动态交易安全要义相悖。基于以上分析，对于约定不得转让债权的让与效力，可以区别情形加以认定。受让人善意无过失的，转让行为有效；受让人存在恶意或过失的，不能取得债权。更进一步的分析是，保证人与转让人事先约定禁止债权转让的，债权转让后保证责任如何认定。对此，《最高人民法院关于适用〈中华人民共和国担保法〉若干问题的解释》第二十八条并未区分受让人是否善意，直接规定债权转让后保证人不再承担保证责任。我们认为，参照前述分析，也应当按照受让人是否善意无过失作区别认定"。

不得转让的第一种情形是指根据合同权利的性质在特定当事人之间发生才能实现合同目的的权利，主要包括基于个人信任关系而必须由特定人受领的债权、以特定的债权人的活动为基础而产生的债权、从权利（如担保权不能与主债权相分离而单独转让）；不得转让的第二种情形是指在订立合同时或之后，当事人已明确约定不得向第三人转让的债权，只要这种约定是当事人真实意思的表示，不违反法律的禁止性规定和社会公共道德就具有法律效力，但是合同当事人的这种约定不能对抗善意第三人，如果债权人不遵守约定，将该权利转让给第三人，第三人在不知情的情况下接受了转让的权利，那么该债权转让就有效，第三人成为新的债权人，如果转让行为对原始债务人造成利益损害的，由原始债权人承当相应的违约责任；不得转让的第三种情形主要包括以特定身份为基础的债权如抚养费请求权、公法上的债权如劳动保险金债权、因人身权受到侵害而产生的损害赔偿请求权。

保理商在签订保理合同时必须审查清楚买卖双方签订的原始买卖合同中是否存在这些禁止转让的情形特别是禁止转让约定，如果确实存在禁止转让约定而保理商在签订保理合同时尚不知情，也可以利用善意第三人制度保护自己的利益。

《合同法》第八十条规定，"债权人转让权利的，应当通知债务人。未经通知，该转让对债务人不发生效力"，"债权人转让权利的通知不得撤销，但经受让人同意的除外"。

关于债权转让对债务人生效的要件，《合同法》采取了国际普遍采用的通知主义立法体例，如买方未收到转让通知，或无书面证据表明已将转让通知送达买方，一旦发生风险可能会影响保理商行使债权人权利。虽然保理商作为债权受让人也可以通知债务人，但一般认为原始债权人的通知才对债务人发生效力。无论债权转让通知主体是谁，通知的形式如何，只有债务人作出明确知悉该债权转让事实的意思表示，或者债务人已经实际向保理商履行还款义务，才能认定债权转让通知有效。因此，为了确保通知的有效性，在应收账款转让通知书中，必须明确受让主体和转让标的，对转让的应收账款应明确标示其所对应的合同号、金额，明确告知债务人保理合同已经生效的事实，明确告知债务人特定账户是保理融资收款账户的事实。

关于"债权转让通知的形式与效力"问题，天津市高级人民法院关于审理保理合同纠纷案件若干问题的审判委员会纪要（二）指出：

"除另有约定外，债权人向保理商转让应收账款的，应当通知债务人。未经通知，该应收账款转让对债务人不发生效力。债务人是否收到通知，不影响保理合同的效力。

债权人与保理商在保理合同中约定由保理商通知债务人的，保理商向债务人发送债权转让通知的同时，应当证明应收账款债权转让的事实并表明其保理商身份。

保理商或者债权人与债务人对于债权转让通知的形式有约定的，按照约定的形式通知债务人。约定使用电子签名、数据电文形式，或者约定通过各类电子交易平台在线上采用电子签名、数据电文等形式发送债权转让通知的，以及债务人对债权转让的事实使用电子签名、数据电文形式，或者通过各类电子交易平台在线上采用电子签名、数据电文等形式作出承诺或者确认的，在符合《中华人民共和国电子签名法》相关规定的情况下，可以认定债权转让对债务人发生效力。

保理商或者债权人与债务人未对债权转让通知的形式作出约定的，下列情形可以视为履行了债权转让通知义务：1. 债权人在债权转让通知文件上签章并实际送达债务人；2. 债权人在所转让应收账款的对应发票上明确记载了债权转让主体和内容并实际送达债务人；3. 保理商与债权人、债务人共同签订债权转让协议；4. 经公证证明债权转让通知已经送达债务人，但有相反证据足以推翻公证的除外。"

针对"债权转让通知效力、内容及主体问题"这一问题，江苏省高级人民法院民二庭 2015 年就国内保理纠纷相关审判实务问题所做的专项调研课题报告则认为："按照《合同法》第八十条的规定，转让人与受让人达成债权转让协议的，并不必然对债务人发生效力，只有通知债务人的，始得对债务人发生效力。据此，债权转让未通知债务人的，对于债务人而言，原债权债务关系未变更，债务人向转让人履行的，合法有效；债权转让通知债务人的，应收账款法律关系主体变更为受让人与债务人，债务人向转让人履行的，不发生合同权利义务终止效力。关于通知内容，实践中遇到这样的案例，保理商及债权人仅向债务人发送账户更改通知书，并未发送应收账款转让通知书。我们认为，债权转让通知系观念通知，内容应当明确，账户更改通知并不能反映债权转让观念，不能产生债权转让通知效力。关于通知主体，有观点认为，应严格适用《合同法》第八十条第一款的规定，即债权转让应由转让人通知债务人。我们认为，债权转让通知目的是告知债务人债权已转让，使得债权转让对债务人发生效力，基于此目的，应允许受让人作为转让通知主体。[①] 同时，从保护债务人履行安全角度考虑，受让人向债务人作出转让通知时，应当提供取得应收账款的凭证，比如包含转让人签字的债权转让通知、商业发票等。"

实务中，为了确保应收账款转让通知的效力，可以采取如下几种通知的方式：（1）如果条件允许应采取当面送达的方式，卖方单独或与保理商联合签署《应收账款转让确认函》后，由双人负责上门送达债务人，并由债务人法定代表人签收回执，回执上加盖公章或与商务合同签章一致的合同专用章；（2）采取公证送达方式通知买方，并取得邮寄收据与公证机构对该通知行为的公证书，实际中需特别注意是对债权转让通知行为而非到达买方办公场所的行为进行公证，只有前者属于有效的公证；（3）如果条件不便，可以采取快递方式或挂号邮寄方式送达买方，由保理商、卖方共同邮寄并签章，邮件封面应写明送达的相关文件名以及份数，且妥善保管留存联以及寄件人的邮件投递信息等；（4）保理公司与买卖双方签署协议，约定以电文、电报、电子邮件等电子化通讯工具向买方发送《应收账款转让确认函》，买方也通过电文、电报、电子邮件等手段向保理商确认已经收到转让通知；（5）保理商在卖方向买方开具的发票上背书，注明发票下应收账款转让事实，同时取得买方出具的发票收妥函，并且发票收妥函上的签章同第（1）条要求。

《合同法》第八十二条规定，"债务人接到债权转让通知后，债务

---

① 崔见远：《合同法（第四版）》，法律出版社，2007 年版，第 216 页。

人对让与人的抗辩，可以向受让人主张"；第八十三条规定，"债务人接到债权转让通知时，债务人对让与人享有债权，并且债务人的债权先于转让的债权到期或者同时到期的，债务人可以向受让人主张抵销"。

上述规定赋予了债务人在一定条件下的抗辩权和抵销权。如果保理商没有事先要求买卖双方在基础合同中约定债务转让需经保理商同意的条款，以及没有约定买方禁止行使抵销权的条款，将可能导致保理商在签订保理合同后遭受损失。为了保障自身利益，保理商需将这些情形均纳入保理合同的"争议"情形，以确保在发生这些情况时可向债权转让方进行追索。

2.《物权法》

《物权法》第二百二十三条，明确应收账款属于权利质押的七个种类之一。

《物权法》第二百二十八条规定，"以应收账款出质的，当事人应当订立书面合同。质权自信贷征信机构办理出质登记时设立"，"应收账款出质后，不得转让，但经出质人与质权人协商同意的除外。出质人转让应收账款所得的价款，应当向质权人提前清偿债务或者提存。"

《物权法》首次规定应收账款可以作为质押的标的，并确立了质权设立以出质登记为要件。保理商在受让应收账款之前，必须查清该应收账款是否已经办理质押登记，如果是，须取得质权人的同意，否则不能接受该笔应收账款办理保理业务。

3.《民法通则》

《民法通则》第九十一条规定"合同一方将合同的权利、义务全部或部分转让给第三人的，应当取得合同另一方的同意，并不得牟利。依照法律规定应当由国家批准的合同，需经原批准机关批准。但是，法律另有规定或者原合同另有约定的除外"。

首先，《民法通则》所规定的债权转让制度过于模糊，并没有对债权转让作出单独的规定，而是在同一条款中对债权转让和债务承担作出同样的规定，并且对债权转让的种类、债权转让的效力也没有作具体规定。这些关键问题的遗漏会影响到相关条款的适用，所以尚不足以调整保理业务中的应收账款转让法律问题。

其次，《民法通则》在债权转让方面采用了同意生效原则，更强调保护债务人的利益，这势必增强债务人不同意债权转让的随意性、提高债权转让的难度，与国际通行的做法也不相适应，不利于以债权转让为基础的保理业务在我国的发展。

第三节　GRIF 的主要内容

GRIF 包括"总则"、"应收账款转让"、"信用风险"、"应收账款催收"、"资金的汇划"、"争议"、"陈述、保证与承诺"和"杂项"八节，共32条。

（一）总则（第一节，第1条至第11条）

总则对于保理协议、参与国际双保理的当事人、所包含的应收账款范围、通用语言、期限为公历日、文书与编号规则、与规则有所不同的协议的效力、进口保理商佣金与酬金、按仲裁规则对进出口保理商之间的纠纷解决、进出口保理商之间的善意与互助原则等进行了规定，值得关注的内容有：

1. 对保理协议作出了界定，规定保理协议意指一项契约，据此，供应商（即卖方）可能或将要向一家保理商转让应收账款，不论目的是否为了获得融资，至少为获得保理商提供的分户账管理、账款催收、坏账担保三种服务之一。

2. 对参与国际双保理的当事人作出界定，即供应商、债务人（即买方）、出口保理商、进口保理商。

3. 规定通则所包含的账款仅限于供应商以信用方式向债务人销售货物或提供服务所产生的应收账款。以信用证（不包括备用信用证）、凭单付现或任何种类的现金交易为基础的销售除外。

4. 确立了会员间纠纷解决的管辖原则。只要在交易开始时双方均为 FCI 的成员，进、出口保理商之间产生的有关国际保理业务的一切争议均应按照《仲裁规则》进行解决；如果在提出仲裁申请时仅有一方为 FCI 成员，但另一方同意或接受时，双方之间的争议也可如此解决；该仲裁结果应是终局性的并具有约束力。

（二）应收账款转让（第二节，第 12 条至第 15 条）

第二节对应收账款转让、转让的形式、转让的有效性、应收账款的有效性、转让的有效期限以及应收账款的反转让等作出具体规定，值得关注的内容有：

1. 以账款作为质押亦被视作账款的转让。需要注意的是，银监会《商业银行保理业务管理暂行办法》明确区分了应收账款的转让和质押，其第六条规定，"以应收账款为质押的贷款，不属于保理业务范围"。

2. 对于已转让的每笔应收账款，由于进口保理商因接受转让而获得完全所有权，进口保理商有权以自己的名义单独或与出口保理商及/或供应商共同提起诉讼或以其他方式执行催收，且有权以出口保理商名义或以该供应商名义对债务人的付款票据进行收款背书，且进口保理商享有运输中留置权和停运权赋予的利益，且享有未获付款的供应商对于债务人已拒收或已退回货物所享有的一切其他权利。

尽管进口保理商有权提起诉讼，即采用法律行动催收，但法律行动催收产生的费用需要与出口保理商有事先约定，这在第四节有详细规定。

3. 进口保理商有义务根据债务人所在国的法律要求通知出口保理商转让通知的措辞及形式，及在转让中为保护出口保理商免受第三方索偿的任何必要因素；进口保理商保证其建议的有效性；出口保理商将负责供应商对其转让及其对进口保理商的转让的有效性。如果账款转让需要特殊文件或书面确认方能生效和执行，出口保理商需要求提供。否则，进口保理商有权反转让有关账款。

4. 进口保理商应及时收到转让给他的发票明细，最迟不得超过账款到期日。进口保理商可以要求由他转递的证明所有权的正本单据，包括可转让装运单据及/或保险证在内；另外，在进口保理商的要求下，出口保理商必须立即提供下述任何一种或全部单据作为证据：一份与签发给债务人的发票完全相同的副本、装船证明、履行销售合同及/或服务合同的证明、任何其他装船前要求提供的单据。否则，进口保理商有权反转让有关账款。

（三）信用风险（第三节，第 16 条至第 19 条）

第三节对于信用风险的定义，信用风险额度的申请与核准、进口保理商缩减或撤销额度及其相应后果、出口保理商转让的义务作出具体规定。值得关注的内容有：

1. 对信用风险作出界定，即意指债务人出于争议以外的原因在账款到期日后 90 天内未能全额付款的风险；并且，进口保理商对受让账款承担信用风险是以其书面核准该账款为条件的。

2. 进口保理商核准信用额度，意味着其必须承担额度取消或失效前在业经核准金额内发货所产生的账款的信用风险。

3. 信用额度是对某一供应商对某一债务人的账款的循环核准（以不超过额度最高金额为限）。循环意指在信用额度还在有效期内，超额度的应收账款将自动转入额度内已被债务人或进口保理商支付的或贷记债务人账款的金额部分。

4. 如进口保理商得知债务人对自己所欠的账款惯常禁止转让，则其在核准时应将此告知出口保理商。如进口保理商后来得知该情况，亦应立即告知出口保理商。

5. 进口保理商有权视情况缩减或撤销信用额度。此撤销对供应商收到通知后的发货有效。当信用额度因此而终止或由于信用额度到期时，关于出口保理商转让的账款，进口保理商从债务人此后财产一般处分所收到的任何款项，将于处分之日，在进口保理商和出口保理商之间按照各自在债务人所欠金额的相应权益比例予以分摊。

6. 确立了"有条件的全部转让"的规则。对于已转让给出口保理商的、某国债务人欠同一供应商的所有应收账款，出口保理商可以，但无义务全部向进口保理商转让。但是，出口保理商应告知进口保理商其与供应商的保理合约是否涵盖供应商对进口保理商所在国信用销售所产生的全部业务量。并且一旦进口保理商已为某一债务人核准了信用额度，且该债务人所欠发票款项已转让给进口保理商，则供应商对该债务人的所有后续账款必须转让给进口保理商，即使账款只获部分核准或根本未获核准也应如此；如进口保理商决定撤销信用额度，出口保理商的义务仍然存续，直至所有已核准账款全部付款或以其他方式结清为止，除非出口保理商与供应商的协议终止。

（四）应收账款催收（第四节，第 20 条至第 22 条）

第四节明确进口保理商在收款中的权利及责任和对未核准应收账款的催收处理。值得关注的内容有：

1. 如果出口保理商或其供应商收到任何现金、支票、汇票、本票或其他票据，必须通知进口保理商并且应由出口保理商或该供应商以信托方式为进口保理商代管，或者应进口保理商的要求，立即适当背书并交付给进口保理商。

2. 如销售合同含有禁止转让约定，则进口保理商应以出口保理商及/或供应商代理人身份，仍有权以自己的名义或与出口保理商和/或供应商联名采取诉讼和其他强行收款措施，并有权以出口保理商或供应商的名义对债务人的汇款票据背书托收，进口保理商还享有留置权、停运权和未收到货款的供应商对债务人可能拒收或退回的货物所拥有的所有其他权益。

3. 如果由于销售合同有明确司法管辖权条款或债务人所在国司法机构排除管辖权，致使进口保理商无法在债务人所在国司法机构获得有关其已受让应收账款的裁决，则进口保理商可以立即反转让该应收账款，并向出口保理商收回其已支付的款项。如在反转让之日起三年内，出口保理商或供应商就该已反转让应收账款获得任何裁判庭针对债务人的、在债务人所在国可强制执行的判决或裁决，则对于原核准的应收账款，进口保理商应接受该判决项下针对债务人所有权利的转让并重新接受该应收账款为已核准应收账款，并进行担保付款。

4. 进口保理商对转让给他的所有账款负有催收的责任。无论账款得到核准与否，其应尽其所能及时催收。采取此类法律行动的费用和开支将由进、出口保理商根据账款余额中核准与未核准部分的比例分担。

5. 当某一债务人所欠账款在某一时点全部未受核准时：

（1）进口保理商在采取法律行动催收招致费用与支出前应征得出口保理商的同意（进口保理商自身的管理费用和支出除外）；

（2）以上法律行动催收招致的费用与支出应由出口保理商承担，进口保理商对由于出口保理商延迟表示同意所造成的损失及/或费用不承担责任；

（3）如出口保理商在收到进口保理商关于费用承担的要求的30天内不予回复，则进口保理商有权在第30天或之后的任何时间反转让有关账款；

（4）进口保理商有权要求出口保理商预付一笔保证金，以全部或部分抵补其催收此类账款时预计将要发生的费用。

（五）资金的汇划（第五节，第23条至第26条）

第五节内容包括如何及时划拨资金，担保付款责任的承担、禁止转让的应收账款如何承担坏账担保责任、迟付的责任等，值得关注的内容有：

1. 应进口保理商的要求，出口保理商应向其退还进口保理商对出口保理商所作出的付款，若该付款系针对未经核准的账款或账款中未经核准的部分，而该款项后来根据付款人所在国法律需要退还，且进口保理商已经退付或结清退款，只要这种退款是善意的。此类退还没有任何时间限制。

2. 在发生信用风险的情况下，于发票到期日后90天内债务人或其代理人如不支付任何此类账款，进口保理商应于第90天对出口保理商担保付款。

3. 若应收账款的销售或服务合同载有禁止转让条款，只有在债务人正式破产或作出破产的一般声明或承认其破产时，进口保理商才履行担保付款责任。

4. 如进口保理商或出口保理商未能及时向对方支付任何应付款项，则应向对方支付利息。

（六）争议（第六节，第27条）

第六节说明争议处理的规则和程序及对担保付款责任的影响。值得关注的内容有：

1. 界定了"争议"的概念，即一旦债务人拒绝接受货物或发票或提出抗辩、反索或抵销（包括但不限于由于第三方对于账款的款项主张权利而引起的抗辩），则视为争议发生。

2. 在收到争议通知后，已核准账款将被暂时视为未经核准。

3. 如争议由债务人提出，且在争议涉及的发票到期日后 90 天内收到争议通知，则不应要求进口保理商对债务人因这种争议缘故而拒付的金额进行担保付款。

如争议由债务人提出，且在担保付款后但在发票到期日后 180 天内收到争议通知，进口保理商有权索回因争议而被债务人拒付的金额。

4. 一旦在 180 天内和解的情况下，或在 3 年内获得法律裁决的情况下，并且争议得到了有利于供应商的解决结果，进口保理商应在解决结果的范围内，接受争议账款重新视为已核账款，进口保理商应作出担保付款。如争议的解决完全有利于供应商，所有相关费用均由进口保理商承担。在任何其他情况下，费用均由出口保理商承担。

（七）陈述、保证与承诺（第七节，第 28 条）

第七节规定了出口保理商代表自己及供应商向进口保理商作出的保证和承诺，保证应收账款以及转让均是真实有效的。

（八）杂项（第八节，第 29 条至第 32 条）

第八节规定了保理电子数据交换通讯系统、账务管理和报告、出口保理商与进口保理商的特定情形下赔偿责任以及出口保理商违反规则的后果及责任。值得关注的内容有：

1. 进出口保理商 EDI 的使用受 "edifactoring. com 规则" 的管辖。

2. 如果出口保理商实质违反了通则的任何条款，结果严重影响了进口保理商对信用风险的评估及/或其收取账款的能力，不应要求进口保理商进行担保付款，但举证的义务在于进口保理商。

3. 对于某当事人实质性违反本规则的主张，应在相关发票到期日后 365 日内提出。

第四章　商业保理热点业务模式点评

　　针对目前国内层出不穷的保理创新产品，有必要对其把把脉、降降温，为商业保理行业的未来发展方向提供一些有价值的借鉴。本章对当前商业保理的热点业务模式进行梳理及点评，包括国内双保理、租赁保理、供应链保理、应收账款池保理、商业保理与银行保理合作、信用保险保理、隐蔽型保理及其他保理创新模式。针对每个业务模式，既探讨了其产生背景、业务流程、操作办法，也评价了其是否合乎规范、未来应用价值、发展方向等。在第八节讨论了国内保理业的其他创新做法，以及该如何看待这些创新，希望为当前保理乱象敲一记警钟。

第一节　国内双保理

　　双保理是指由两家保理机构分别向买卖双方提供保理服务，根据基础交易性质，可分为国际双保理和国内双保理。

　　国际双保理是国际保理市场上的一项成熟产品，被全球各类保理商广泛接受与应用，历史悠久，从保理的发源地美国到欧洲再到世界上其他国家和地区，基本上都是在用国际双保理，很少使用国内双保理。国际双保理之所以盛行主要是因为债权人（卖方）与债务人（买方）处于不同的国家，由于国家之间商业习惯和法律环境等区别，债权人所在国的保理商在债务人所在国追索债权存在较大难度，需要借助债务人所在国的保理商来进行应收账款催收（包括承担债务人的信用风险），因此，国际双保理模式应运而生，这也是FCI等国际保理组织成立的初衷。

而国内双保理的产生，主要是在社会信用体系欠发达的国家，为解决信用不透明等问题，买卖双方所在地的保理商互相合作的结果。欧美发达国家主要办理国际双保理业务，很少办理国内双保理业务，原因是：欧美发达国家社会信用体系建设较为完善，一家保理商可以较为方便地应卖方的要求对国内的买方进行信用调查、承担其信用风险并进行应收账款的催收，开展"国内双保理"必要性不大。

我国情况则不同，国内双保理有较大的业务空间。我国幅员辽阔，信用体系不完善，企业征信数据和资料往往处于不透明状态，如对于非上市企业，保理商（包括银行和商业保理公司）往往难以取得客户的全面财务与经营信息，较难正确、全面评估客户信用状况。为规避风险，保理商往往只能将保理业务的客户范围限定在既有客户或大中型上市企业，广大中小企业被限制在了保理业务门外，导致保理业务服务的客户覆盖面和业务创新都受到一定程度影响。并且，对于多数商业保理公司来说，资金规模、人力资源有限，无法像银行一样在全国设立分支机构，因而在异地开展保理业务时可能由于对当地市场情况不熟悉而面临较大的业务风险，不便于市场开拓，在这种情况下，两个保理商相互配合办理"国内双保理"业务就有了必要性。

"国内双保理"的基本业务流程与国际双保理类似，只不过所有当事人都在一个国家：卖方企业将应收账款债权转让给卖方保理商，卖方保理商再次转让给买方保理商，买方保理商作为债权人，提供催收及坏账担保服务，卖方保理商提供保理融资及应收账款管理服务。其基本业务流程如图 4－1 所示。

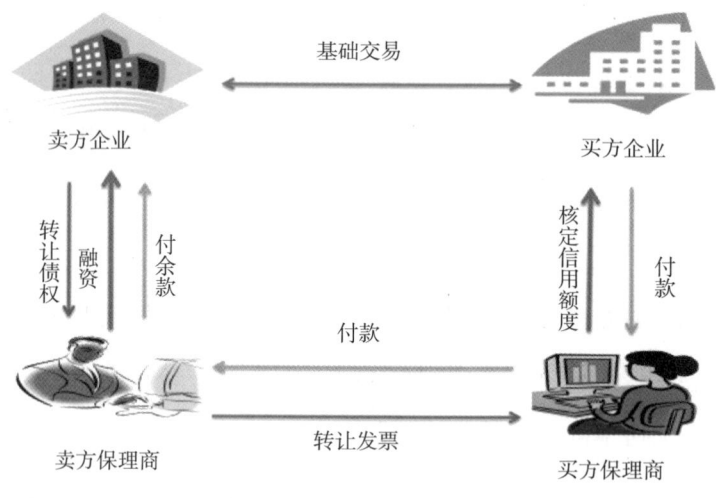

图 4－1　国内双保理业务流程

双保理业务在中国保理市场上已有了一些实践。在银行保理领域，监管部门鼓励商业银行开展银行间国内双保理业务，认为有利于国内保理业务的风险分散。目前，已经有部分银行开展双保理业务，不过是以银行保理商内部的"行内双保理"形式为主，即买卖双方分属不同省份或区域，由保理商内部不同的分支机构在总行统一的机制下开展保理业务合作。在行内双保理的合作机制上，银行保理商总行一般对合作流程、风险承担、收益分享和授信额度占用等方面作出统一的规定。

但是，目前"跨行双保理"合作业务较少，有少数银行之间曾直接借用 FCI 建立的用于国际双保理的 EDI 系统开展了少量"国内双保理"合作。出现这种局面的主要原因是，银行保理商在全国网点较多，依靠自身分支机构间的合作就能完成双保理业务，并且，在开展跨行双保理业务时存在客户信息泄露、关键客户流失的风险。但是随着城市商业银行和区域性银行的兴起并介入双保理业务，跨行双保理业务会迎来较大的发展机会。

为推动国内银行之间开展"国内双保理"业务，中国银行业协会保理专业委员会在 2015 年年会上正式对外发布了《国内双保理业务合作协议范本 V1.0（试行）》，用于规范银行间就开展国内贸易项下双保理业务的权利义务关系及业务流程。

在商业保理领域，根据中国服务贸易协会商业保理专业委员会主办的"2016 国内双保理高峰论坛"发布的《商业保理公司国内双保理业务合作调查报告》，已有 27% 的商业保理公司在开展国内双保理合作。

点 评：

在我国，国内双保理发展前景广阔，业务需求日益增长，有必要针对国内双保理业务制定类似于 GRIF 的"国内双保理业务通用规则"（暂且称为"GRDF"，即"General Rules for Domestic Factoring"），统一操作流程，提高保理商之间开展业务合作的效率，降低保理商之间的沟通成本。

　　"中国GRDF"首先应以国际惯例为蓝本进行制定，国际惯例主要包括FCI的GRIF，以及未来国际商会（ICC）与FCI拟共同推出的《国际保理业务统一规则》（*Uniform Rules for International Factoring*，"URIF"）。可以类比的是，国内信用证业务，正是借鉴传统的国际信用证，在参照ICC《跟单信用证统一惯例》（UCP）的基础上，由最高人民法院作出跟单信用证的司法解释，由人民银行于1997年制定《国内信用证结算办法》后推出的，人民银行于2016年还对《国内信用证结算办法》进行了修订。

　　"中国GRDF"在借鉴GRIF等国际惯例的同时，应重点反映中国保理市场的特色和现状，主要界定卖方保理商与买方保理商之间权利和义务的承担，明确联络方式，对纠纷的解决作出符合中国国情的明确规定：（1）保理商之间权利和义务的界定基本可遵循GRIF，但应根据中国国情和国内贸易的特点进行一些简化，删除一些国际保理项下的特有情况，例如，GRIF规定，因债务人所在国的裁判机构排除管辖权而导致进口保理商无法就其已受让的应收账款获得裁决，进口保理商可以不承担进口商信用风险，这在国内保理中就不适用；（2）保理商之间的联络方式，建议由行业协会组织开发类似于FCI的EDI系统的第三方交易平台，用于保理商间的业务联络，确保保理商之间沟通的畅通和透明，防止因联络问题而出现风险；（3）保理商之间纠纷的解决，在GRIF中明确规定应按照FCI制定的《仲裁规则》进行解决，即由FCI进行仲裁，这与FCI作为一个国际组织，主体意识较强，一直在主导国际双保理业务的发展并且较为强势有关。而在中国当前的环境下，中国银行业协会保理专业委员会和中国服务贸易协会商业保理专业委员会作为行业自律组织，目前由其进行保理商间纠纷的仲裁解决可能有一定的难度，但不排除未来可以由两者联合建立一个由专家组成的仲裁委员会，对保理商间的纠纷进行仲裁，当然，保理商间的纠纷也可通过向有管辖权的人民法院提起诉讼来解决。鉴于保理合同项下多方关系的复杂性，GRDF 一定要明确法院诉讼管辖权，建议将保理合同纠纷下的司法管辖权明确为依照保理合同的约定来执行。

第二节　租赁保理

租赁保理是保理商针对租赁业务中的应收租赁款提供的保理服务，是在租赁行业迅速发展背景下的一种金融创新产品。一方面，租赁业务对于促进供应商设备销售、改善承租人财务状况等都具有好处，市场对租赁业务的需求十分旺盛，国家也出台了一系列利好政策推动租赁业的发展；另一方面，租赁业务中的核心主体租赁公司却面临融资渠道过于狭窄、资金来源不足的困境。租赁保理在此背景下应运而生，以应收租赁款为标的向租赁公司提供融资，保障其持续进行融资租赁项目。

租赁保理的基本业务流程如图 4-2 所示：在租赁公司与承租人形成租赁关系的前提下，租赁公司将租赁合同项下未到期的应收租金债权转让给保理商，保理商以此为基础向租赁公司提供一定比例的应收账款融资，并作为租金债权受让人向承租人收取租金。

实践中，依据租赁物的来源，可以划分为三种租赁保理模式：（1）直接租赁保理模式，即租赁公司利用自有资金购买设备后，再向

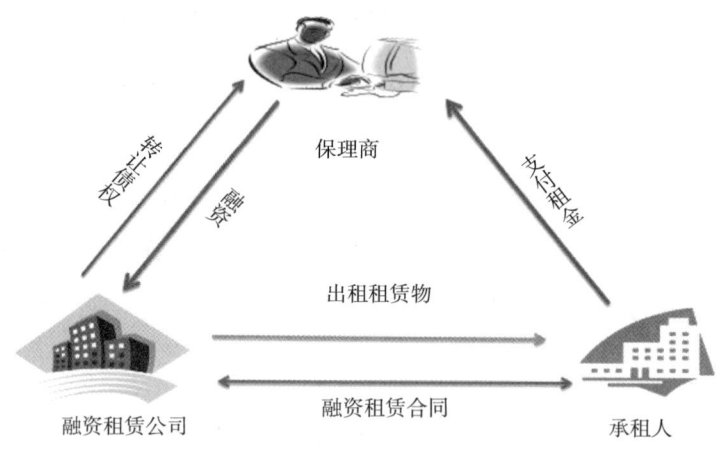

图 4 - 2　租赁保理业务模式

承租人出租，并对应收租金进行保理获得融资；（2）售后回租融资租赁保理模式，即承租人先将自有资产出售给租赁公司后，再从租赁公司租回该资产并支付租金，保理商为租赁公司提供基于应收租金的保理融资，这种模式本质上是为承租人提供融资；（3）厂商发起租赁保理模式，基本业务模式与直接租赁保理相似，只是出发点是厂商为了促进销售、主动寻求租赁公司为终端客户即承租人提供租赁服务，并向租赁公司承诺提供回购担保。

点 评：

租赁保理业务的最大特点是出租人必须将应收租金转让给保理商。关于应收租金是否可以办理保理业务是讨论的重点。

国际统一私法协会 UNIDROIT 将应收账款的范畴规定为"除私人行为外的货物买卖"；GRIF 则将应收账款的范畴规定为"以赊销方式

销售的货物或服务"。租赁业务的应收是指应收租金，并不涉及销售行为，不是因销售货物或服务产生的应收账款，因此，在这个层面上应收租金不是严格意义上的合格应收账款。

然而，中国银监会在2014年颁布的《商业银行保理业务管理暂行办法》中指出，应收账款指企业因提供商品、服务或者出租资产而形成的金钱债权及其产生的收益。《商业保理企业管理办法（试行）》也对应收租金加以认可。天津市高级人民法院更是将此写入了《关于审理保理合同纠纷案件若干问题的审判委员会纪要》。这是国内办理租赁保理业务的理论及监管基础。

相较于一般的保理业务，租赁保理业务因其基础交易的特殊性存在两类额外的风险：一是承租人弃租风险。一旦租赁合同提前解约，应收账款不复存在，基于应收租金的保理融资将失去第一还款来源。且融资租赁业务期限一般较长，租赁物价值较高，保理商可能承担的损失会更加巨大。二是租赁物处置风险。保理商在办理租赁保理业务前，首先应考虑承租人是否对租赁物具有处分权，租赁物是否已被设置抵押、被司法机关查封扣押等，如果所有权存在瑕疵将直接影响保理商对租赁物的处置权利；其次应考虑该租赁物是否易于流通及自身是否有能力处分租赁物。例如，某些大型特种装备的市场非常局限，即使保理商获得租赁物抵押也往往无力处置，最终只能承担损失。

之所以租赁保理会存在上述两类额外的风险，是因为租赁保理相当于重复融资。融资租赁本身就是贷款，现在进行租赁保理相当于再融资，租赁公司的风险防范意识可能会下降，对承租人的管理可能会放松，租赁行业的风险容易转嫁到保理行业，到时一旦在租赁市场出现违约，就有可能导致多米诺骨牌效应，波及面极广。历次金融危机都说明，最大的金融风险就是把一个行业的风险转嫁给另一个行业，而另一个行业却没有足够的能力来化解这个风险，从而造成连锁反应、危机蔓延。所以，如果保理商一定要做租赁保理，第一，必须选择自己熟悉的行业，对租赁物对应行业的交易惯例、客户群体、市场前景等都非常了解，易于保理商评估进而规避行业的风险点；第二，必须选择通用性较高、适用客户群较大、流通范围较广、变现能力较强的设备为租赁物，并且该租赁物应产权清晰、不存在所有权瑕疵，设定抵押给保理商后，保理商在承租人违约时可以快捷地将租赁物出售变现；第三，必须选择信誉良好、风控完善、经营稳健、业务精专的租赁企业进行合作，重点关注租赁企业的租金回收率等现金流预警指标，这样可以大大降低保理商的经营风险。

第三节　供应链保理

保理的发展经历了 1.0、2.0、3.0 时代，每个时代的更迭都伴随着交易效率的改进。在保理 1.0 时代，保理商针对单一卖方与多个买方之间的应收账款叙做保理业务，这也是保理最初最基本的形态，主要的缺陷是需要向多个买方确权，人力物力耗费巨大，效率低下。在保理 2.0 时代，保理商采取逆向营销思维，首先找到一个大型买方，然后叙做该买方与其多个上游供应商之间的应收账款保理业务，大大降低了确权成本和难度。

在保理 3.0 时代，业务模式又有了重大突破，也就是现在流行的供应链保理，其业务模型可以概括为"M＋1＋N"，其中"M"为上游企业，"1"为核心企业，"N"为下游企业。供应链保理是以供应链核心企业的资信为依托、以真实贸易为前提，在有效整合供应链上商流、物流、资金流和信息流的基础上，保理商为供应链上下游企业提供保理服务。由于核心企业拥有强势地位，通常对上游企业采取赊销贸易、对下游企业采取现货交易，给上下游企业造成资金压力，供应链保理的介入使得上下游的中小企业能够借助核心企业的授信支持，从保理商处获得低成本融资资金，有利于上下游企业的发展也间接为核心企业创造良好经营环境。

随着互联网技术的发展以及平台概念的兴起，未来可能出现保理4.0时代，业务模型可能是"N×N"，即由某个平台承担中介角色，汇集所有有保理需求的客户以及保理商，极大地便利了N个保理商与N个客户的配对，提高交易效率。在目前情况下，由于供应链保理具有稳定性、易操作性、风险可控性等突出优点，是最主流的业务模式。

理论上，供应链保理业务模式如图4－3所示：以供应链核心企业为中心，可以寻找到其上下游企业叙做保理业务。但实践中，一方面，保理商出于对风险的考量通常会叙做以核心企业作为第一还款来源的保理业务，另一方面，核心企业通常对下游企业采取现货交易，因而几乎不存在应收账款也就不具备叙做保理业务的前提，所以综合业务风险以及业务可行性，实际中保理商通常是对供应链上游企业与核心企业之间的应收账款叙做保理业务。

对于传统商业保理公司来说，开展供应链保理业务的主要难点是：第一，如何确定核心企业；第二，过于依赖核心企业，如果核心企业

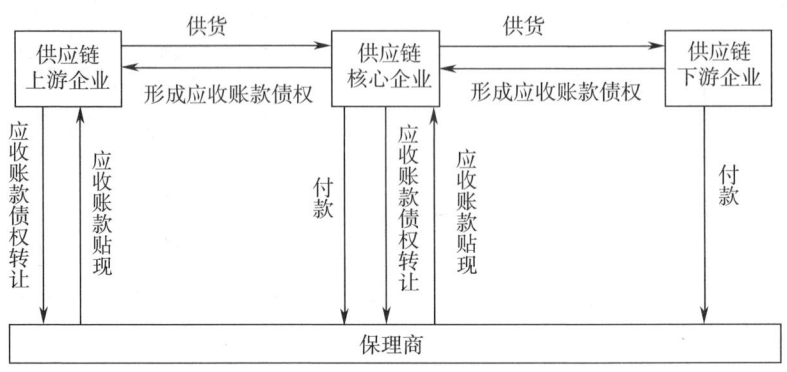

图 4-3　供应链保理业务模式

不愿配合确认债权转让以及对账等，保理业务很难开展；第三，作为营销对象的核心企业一般是上市公司、国企等大型企业，往往也是银行的重点客户，这就意味着商业保理公司与银行形成正面竞争，对商业保理公司的资金、管理等方面提出更高要求；第四，也是所有其他保理业务都面临的难题即风险防范，商业保理公司无法独立完成对供应链上下游企业进行全面调查和分析，不能准确了解供应链的整体情况，从而就无法确认贸易的真实性。

　　针对上述问题，目前出现了一批直接由核心企业设立的商业保理公司，它们由于熟悉行业交易惯例，掌握大量客户信息，因此具有天然的优势。这类核心企业主要包括两种：一种是传统行业中的核心企业，譬如能源装备行业的某重机企业因为原有业务增长乏力、经营业绩下滑，同时看到上下游合作企业存在大量的融资需求，于 2016 年 1 月发布非公开发行股票预案拟募集 21.3 亿元资金用于开展供应链保理服务，为上下游合作伙伴及医药、化工、环保等行业提供资金周转服务；另一种是互联网平台型企业，包括电商平台或支付平台，它们虽然不直接参与供应链中的交易，但由于沉淀大量历史交易数据并掌握每笔交易的支付、结算信息，利用大数据优势可以对业务风险进行有效防范，成为保理领域中的"黑马"，凭借互联网平台的全品类的完整供应链链条数据，从多维度划分特征供应链并建立与其对应的应收账款动态池管理模型，在保持业务快速增长的同时将坏账率控制在远远低于行业平均以下的水平。

《供应链金融技术的标准定义》将保理作为供应链金融技术之一进行了定义，同时还列出了保理在全球的不同叫法（即同义词），包括应收账款融资，应收账款服务，发票贴现，债务人融资。在保理业务中，应收账款的所有权属于融资提供方，买方与融资提供方结算发票，而不是对卖方付款。保理业务一般会披露给买方。保理业务一般由专业的融资提供方以保理商的角色专门针对应收账款融资市场为包括中小企业在内的各行业供货商企业提供服务。目前，保理业务也扩展到了大额交易领域，保理商也可以提供应收账款贴现服务。

《供应链金融技术的标准定义》总结了保理业务的交易流程一般是：融资提供方对基础交易进行各方面的评估且同意对货物和服务的卖方提供保理服务（通常为每个买家建立一个授信额度）。交付货物/服务时，卖方开具发票并将发票副本文件或发票数据包发送给融资提供方。融资提供方在对发票副本或数据包（或合适的抽样体制）进行核验后，向卖方按发票的一定比例放款（通常是80%左右）。到期时，买方向融资提供方支付发票未清偿的应付款项，融资提供方扣除约定的费用以及贴现息后，将发票剩余款项支付卖方。融资提供方对提示和催收程序负责。应付的贴现息和其他费用根据保理协议的规定执行。

供应链金融全球论坛①给出的保理业务流程如图4－4所示：

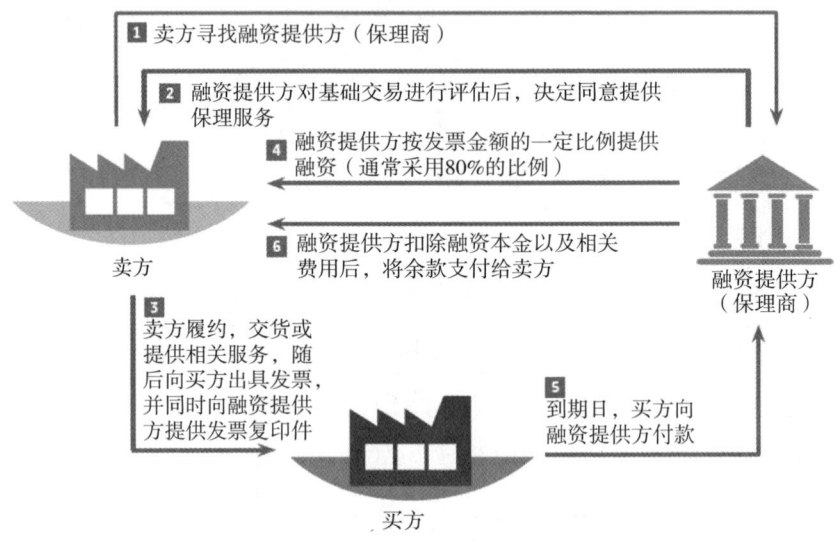

图4－4　保理业务流程图

《供应链金融技术的标准定义》对保理的当事方、合同关系和文件材料、保证、风险和风险缓释等均做了解释。

其中，保理交易的当事方为卖方和融资提供方。买方虽不是保理协议的当事方，但除隐蔽型保理外，一般对应收账款的转让是知晓的，并且向融资提供方直接支付应收账款或发票款项。

保理协议由卖方（客户）和融资提供方签署，依照当地管辖法律，卖方将需融资的资产权利（或物权或同等权利）转让给融资提供方。通常转让事宜会通知买方，并会提供给融资提供方经核准的发票副本

---

① "供应链金融全球论坛"（The Global Supply Chain Finance Forum）由 ICC 银行委员会（ICC BC）、金融与贸易银行家协会（BAFT）、国际保理商联合会（FCI）、欧洲银行业协会（EBA）、国际贸易和福费廷协会（ITBA）共五家国际组织组成。准确掌握市场最新动态，体现行业最高业务水平。

或发票数据包，其他任何追加保证都会妥善编制文件加以证明。

融资的资产权利（或物权或同等权利）的转让，适用当地管辖法律。融资提供方可以追加物权担保，但是普遍采用信用保险（即后文所提及的信保保理）。

点　评：

从严格意义上讲，"供应链保理"其实不能算作一种创新的业务模式，因为任何一项保理业务必然是针对供应链上下游企业之间的应收账款展开的，必然属于供应链保理，所以将通行的做法作为某一种业务模式的专有名词并不十分恰当，然而，必须指出来的是，当前盛行的"供应链保理"在内涵方面确实是有创新的、是有可取之处的。过去保理可能是单打独斗的做法，逐个去找客户，效率较低；现在所谓的"供应链保理"是为了突出核心企业的重要性，通过一个核心企业就能顺藤摸瓜找出 N 个客户，效率很高。

第四节　应收账款池保理

应收账款池保理与单笔保理相对应。单笔保理一般适合频次低但单笔金额较大的应收账款，根据单笔发票金额及期限设定融资金额及期限，应收账款回款必须逐笔归还保理商已发放的融资款来覆盖风险敞口，而应收账款池保理通常适合于买方高度分散的业务，也适合于买方数量特定但往来交易特别频繁琐碎、单笔应收账款金额小的业务，譬如差旅管理公司为企业客户订购机票业务。除此之外，适合开展应收账款池保理业务的交易应具有如下特点：（1）买卖双方建立长期稳定供货关系；（2）买卖双方签订年度供货合同，有明确的供货安排；（3）合同采取赊销结算方式，并且不涉及安装、调试、验收等复杂付款条件，有明确的付款到期日；（4）销售情况平稳，应收账款持续而稳定，不存在明显的季度性波动；（5）买方无不良记录。

应收账款池保理并不针对每笔应收账款设定融资期限及金额，而是将卖方对特定买方或所有买方的应收账款汇聚成池整体转让给保理商，然后由保理商对池内应收账款余额进行监控以及动态管理，只要满足"应收账款池内的有效应收账款余额×融资比例＋保理保证金账户余额≥融资余额"的前提下，保理商就允许卖方在授信期限内，用符合条件的债务人的新的应收账款置换原来应收账款池内的到期应收账款，以实现保理融资资金的长期使用。由于应收账款还款和应收账款置换行为不断地发生，能够保证应收账款池内的余额保持在一个稳定的水平，根据稳定的应收账款余额，保理商向卖方提供一定比例的融资业务。应收账款池保理融资模式下，融资期限不要求与应收账款的账款期限匹配，但是原则上不超过一年。

点评：

应收账款池保理也可称为"保理池融资"。适用于应收账款笔数多、金额小、交易频繁的业务。池保理作为一种创新的业务模式，其价值在于，全面盘活企业频繁发生的各类分散应收账款，保障企业的资金流动，降低企业的管理成本。由于保理商开展每笔保理业务都需要付出可变成本，因而也对每笔保理业务都要收取费用，因此，原先企业零散小额的应收账款并不适合开展保理业务，现在通过汇聚成"池"就能够简化转让手续、大大节约保理申请费用因而也就具有可行性。并且通过将应收账款转让给保理公司，能够降低企业管理大量应收账款的人力和物力成本[①]。

在满足客户简化操作要求的同时，保理商不可因办理应收账款池融资而怠于对应收账款的管理。办理池保理业务，客户只需提供新的发票就可保证融资维持在一定水位，这就可能造成池内应收账款质量的参差不齐。保理商不仅应注意逾期应收账款，同时也应及时办理应收账款的还款销账，控制好入池与出池，避免操作风险。

第五节　商业保理与银行保理合作

商业保理公司首先要明确自身定位，与银行形成错位竞争。银行保理商以融资优势见长，侧重于提供贸易融资，对卖家企业的资信要求较高，并且要占用其在银行的授信额度，客户以大中型企业为主。商业保理公司资金实力无法与银行匹敌，应该扬长避短，定位于服务中小微企业，专注于向某个行业或领域的企业提供客户资信调查与评估、应收账款管理与催收、信用风险担保等一系列综合服务，通过加强对贸易背景真实性、应收账款质量、买家信誉等全方位的尽职调查，争取做到无抵押以及坏账风险的完全转移。但实践中许多保理商仍把保理业务简单地看作贷款业务，收入来源以赚取利差收益为主，未能形成建立在非融资保理业务基础之上的核心竞争优势。

---

① 保理池融资，http://www.tjrzzl.com/commercial-factoring/syblyj/2015-06-24/934.html。

在错位竞争、形成核心竞争优势的基础之上，商业保理与银行保理可以展开互补合作。两者的主要合作模式是再保理模式，即商业保理商将其受让的应收账款债权再次转让给银行，银行通过对商业保理公司自身资信情况以及基础资产质量的考量，决定提供有追索权再保理或者无追索权再保理，以此既解决商业保理资金不足的难题，也促进银行中间收入的增长。目前国内已有商业银行尝试在提供授信再保理和资产受让等服务方面与商业保理公司展开合作。

点 评:

"再保理"这个概念被广泛应用于商业保理公司与银行的合作中，属于一个创新名词。从表面上看，再保理业务的模式是保理公司将应收账款"转让"给银行并从银行获得融资。然而，应收账款管理、催收等各种保理业务服务实际上均仍由商业保理公司承担。仅从产品的逻辑层面分析，如果仅有一个保理商，则其可以将受让的应收账款继续转让给银行；如果有两个保理商，卖方保理商在受让后需将应收账款二次转让至买方保理商，此时的卖方保理商已不是应收账款的债权人，再保理的模式则更显牵强。实质上，所谓的再保理只是保理公司获得银行授信及资金支持的一种形式。

对于银行和保理公司之间的合作来说，银行应尽可能选择专业化程度高的保理公司合作拓展业务；而保理公司则只有不断提升自身专业化水平才有可能在激烈的竞争中获得银行资金支持。并且，保理公司在初次寻找银行授信支持之前，需要先拥有成熟的业务模式和规范的业务流程，掌握一定数量的优质客户资源，形成一定规模的业务额度，具备完善的风控制度，这些都是银行考量是否合作的重要因素。

第六节　信用保险保理

信用保险保理业务（国内一般称为"信保融资"）是指由保险公司承保买方信用风险的银保合作保理业务，银行对于已投保信用保险的贸易，在受让应收账款及相应的赔款权益的前提下，为企业提供融资、销售分户账管理及应收账款催收等服务。根据具体业务情况，买方信用险投保方可以是卖方或是保理商。实务中以卖方投保居多。

点 评：

在保理业务中，为更好地规避买方信用风险，在保理融资服务前增加买方信用核查方法，并在融资之后增加风险缓释手段，保理业务实践中出现了将对买方的信用保险因素加入保理业务方案中的做法。《供应链金融技术的标准定义》在对保理风险中的买方违约或无力偿付的风险缓释手段中也建议通过信用和风险评估、监控和信用保险等方式加以缓释。

一方面，信用保险保理业务可以对保理商办理保理前提供决策依据，例如根据信用保险公司对买方信用限额是否核定、核定限额金额等情况决定是否受理保理融资需求，以及受理保理融资需求后根据信用保险的限额及赔付比例情况控制融资金额，避免过度融资，同时，可根据信用保险对买方信用限额的调减情况及时调整保理融资金额；另一方面，信用保险保理业务在买方出现信用风险后，保理商可以根据与卖方的事先合同约定，要求卖方向信用保险公司索赔或自行索赔，从而规避买方在应收账款到期日不付款的资金风险。信用保险是一项独立的、早于信保融资而产生的保险产品，以保障赊销贸易中的"卖方"所面临的买方破产、拖欠等信用风险为出发点。按照《中华人民共和国保险法》的规定，"最大诚信原则"是保险的基本原则，保险合同双方在订立和履行保险合同时，都必须遵守信用、互不欺骗。因此，虚假贸易背景、回款挪用等卖方的道德风险，并不在信用保险的承保范围内。从信用保险之上发展出"信保融资"时，也不会改变信用保险的承保原则，由于卖方欺诈行为导致的融资风险，不能得到信用保险的补偿。

信用保险融资形成损失后，保理商可依据保单及《赔款转让协议》向保险公司索赔。信用保险公司的相关保险条款均要求贸易背景真实、有效、合法，且信用保险公司对贸易背景虚假、买方违约付款或关联交易等情况均不承担赔付责任。例如，在贸易背景真实、非关联交易的情况下，买方未经保理银行同意擅自改变支付方式付款以结束交易，造成已转让应收账款的灭失，保理银行也会因此失去向保险公司索赔的权利。《平安国内贸易信用保险条款》第三条将承保事故明确定义为"买方于付款日不付款所导致的债款的损失"。中国出口信用保险公司也仅承保买方无清偿能力或长期拖欠货款的保险事故，买方已履行付款义务的情形并不在保险赔付范围内。

在国内贸易中，背景真实性的核实缺乏有效方法，企业恶意串通、伪造合同、虚开票据的情况防不胜防，即使已经过海关、税务、外管等权威第三方把关的国际贸易也不例外。因此，银行基于受让应收账款及保险赔款权益办理融资时，还必须对卖方本身的资信情况进行审慎评估，审核交易背景真实性，对买方回款做好监控。在交易背景真实性审核方面，保理商应通过卖方提供的发票、税单、合同等材料对贸易背景的真实性进行书面审查。在国内贸易中，卖方在增值税发票开出后可以在一个月内自行注销，以票据、合同等虚构贸易背景的成本不高。保理商应当在业务开展前对贸易背景进行严格审查，即使书面材料确为真实，也应当加强实地考察，核实买方或物流方的合作情况，采取货单与货物配比抽检、同行业发货量与价格比对、金融机构存款情况或融资需求调查等具体措施进行深入分析。保理商还可根据买方的实际情况，要求买方对卖方的信保融资业务提供担保，以此验证贸易背景的真实性。

由于信用保险公司在理赔调查时要比收保费时更尽责，保险合同条款强调的是被保险人的如实告知义务，贸易真实性风险则由保理商承担。保理商在卖方投保前应当要求保险公司一同对贸易背景真实性进行实质审查，可要求保险公司对贸易背景真实性调查情况出具书面确认说明，也可对保险合同条款进行修改，明确审查前置程序。对保险公司未确认或不予确认贸易背景真实的业务，应谨慎处理。

在应收账款转让通知方面，保理商在受让应收账款时应及时履行通知义务，尽量要求买方对应收账款的转让进行书面确认，并承诺按照保理商的要求进行货款支付，要求买方直接向保理商自己的指定账户付款。针对买方违约付款的行为，保理商可通过应收账款转让方面的合同将买方诉至法院，要求确认买方的付款是无效付款。如获法院支持，买方的无效付款相当于无力偿债或拖欠货款的保险事故，保理商可以此为由向保险公司进行索赔。

第七节　隐蔽型保理（暗保理）

《供应链金融技术的标准定义》对隐蔽型保理（Confidential Factoring）的定义是：保理项下的发票或应收账款不受债权转让通知影响，且买方对卖方和融资提供方之间的协议约定并不知情。隐蔽型这个术语亦可用于应收账款贴现和发票贴现。

点 评：

实践中，隐蔽型保理（暗保理）多是基于下述原因：一是卖方由于担心买方对其融资需求的负面评价，因此不希望买方知晓其办理保理融资的事实；二是卖方为了维护其和买方之间的合作关系，不希望由于保理商的介入而打扰买方，例如要求改变付款路径或进行应收账款转让确认等。但是，正是由于这种应收账款暂不通知模式的结构，给暗保理业务带来相应风险。

暗保理业务模式中，由于保理商在办理保理业务时未将应收账款转让事实通知债务人，保理商无法直接要求债务人付款。暗保理业务中主要的风险在于交易真实性的核查及回款监控问题。

办理保理业务前，保理商应做好贷前审查，包括对买卖双方基础合同中可能影响应收账款金额的条款、基础交易单据的真实性仔细核查，对于高风险条款，在有相对合理、风险可控、可执行的预案前提下谨慎办理；对买卖双方交易历史情况做详细了解，分析付款的及时性及交易习惯，合理设置融资期限；以物流运输、实地考察等手段对交易背景的真实性进行审查；对卖方资信状况深入了解，做好充分的风险缓释手段。

在融资放款后，由于暗保理业务中，保理商无法对债务人回款账户进行约束，间接付款的风险极大地增加了保理商对回款的跟踪监控难度及回款被挪用的风险。即使开立监管账户，由于监管账户不是保证金账户，无法避免卖方绕过保理商私自通知债务人更改账户、发生司法纠纷时无法对抗司法冻结。如果买方已经直接付款给卖方，保理商由于事先未通知应收账款转让事实，在法律上将无法享有要求买方再付款给保理商的抗辩权，也很难查明买卖双方之间是否串通欺诈的情况。

做好应收账款回款监控不仅仅是暗保理面临的问题，对公开型保理业务同样是保理商必须面对的严峻问题。对有条件的卖方，保理商可采取系统监控的方式进行对账，否则，应加强贷中管理，在应收账款到期日前密切跟踪回款情况，加强与企业的对账工作，发现异常应立刻采取必要措施，将隐蔽型的保理变为公开型保理，对债务人发送应收账款转让通知，并视情况启动司法程序。保理商也可在系统允许的情况下，通过设定系统自动预警，监测并记录间接回款情况，进而采取相应的管理措施，及时有效防控风险。

第八节　其他保理"创新"模式

不可否认，各家保理公司不落窠臼，在标准的保理业务基础上研发了一些符合我国国情、满足企业实际需求的保理创新产品，对促进我国保理业务蓬勃发展起到推动作用。然而，市场上关于保理的各类"创新"良莠不齐，有的"创新"产品已脱离保理业务本质，需要引起重视，积极规范。

一、未来收费权保理

未来收费权保理的典型例子是公路通行费保理，即企业以未来一段时间基于公路收费权产生的"未来应收账款"转让给保理商办理的保理业务，类似的业务还有桥梁、隧道通行费保理，等等，无论是何种标的物，此类"创新"的关键都是"未来应收账款"。能不能就未来应收账款开展保理业务，国内外业界、学界有不同观点。

GRIF 中关于保理合约的定义中有如下表述"A factoring contract means a contract pursuant to which a supplier may or will assign…"。《国际保理公约》中更是提及了"未来应收账款"的概念，"A provision in the factoring contract by which future receivables are assigned operates to transfer the receivables to the factor when they come into existence…"。"will"、"future receivables"该如何理解？笔者认为，"will"对应的是保理业务中全额转让的概念；而"come into existence"更是表明了"未来应收账款"是尚未形成的应收账款。事实上，在买方寄送卖方的介绍信（Introductory Letter）中会提及在某合同下所有的应收账款都将全额转让。这部分应收账款中，一些是已存在的，另一些则是"未来的，尚未形成的"。

台湾学者丛树人、叶清宗等认为"未来应收账款"不可办理保理业务。由于卖方尚未履约，买方并不负有付款义务，应收账款根本尚未形成，而保理业务是以应收账款转让为前提的，既然前提都不成立，当然不可基于此办理保理业务。叶清宗指出保理业务一定是以"因货物销售所产生之应收账款"且"交易后无商业纠纷之应收账款转让"才有效，保理商获得了应收账款受让人的身份就可以向债务人依法求偿，但是因为对未来提供服务或出租资产等义务而对债务人享有的债权，如公路、桥梁、隧道、渡口等不动产收费权，一旦发生商业纠纷，譬如办公大楼出租后因为不可抗力因素导致承租人不续租，由于应收账款本身就不存在，保理商就无法向债务人求偿。

关于未来应收账款办理保理的法律规定，各国有所差异。意大利是唯一不允许未来应收账款转让的国家。该国判例法认为，只有签订转让合同未来应收账款的基础法律关系存在时，才允许转让。法国承认未来应收账款的转让，但法官认为在协议签订时应收账款的基础原因必须有效和真实存在。

在英国，未来应收账款转让不完全等同于现存应收账款的转让，不能构成普通法上的转让，只能作为衡平法上的转让，不以通知债务人为必要条件，受让人只能以转让人的名义起诉债务人。

美国《统一商法典》将未来应收账款视为将取得的财产，允许让与。该法第 9 - 204 条规定：担保协议可以创设或规定在以后获得的担保物上的担保权益（a security agreement may create or provide for a security interest in after - aquired collateral）。担保协议可以规定与未来的预付款或其他对价相关的担保物担保，或应收账款、动产凭证、付款无形资产或被出售的本票，无论该预付款或对价是否允诺给付（A security agreement may provide that collateral secures, or that accounts, chattel paper, payment intangibles, or promissory notes are sold in connection with, future advances or other value, whether or not the advances or value are given pursuant to commitment）。

在我国，《中国银行业保理业务规范》将"公路、桥梁、隧道、渡口等不动产收费权"纳入应收账款，但银监会于 2014 年颁布的《商业银行保理业务管理暂行办法》中特别指出商业银行不得基于未来应收账款开展保理业务。由此可见，银行保理已经意识到未来应收账款的问题并加以纠正。然而，基于未来应收账款的保理业务在商业保理的范畴内是允许的，天津市高级人民法院在《关于审理保理合同纠纷案件若干问题的审判委员会纪要》中提及的应收账款债权即包含"公路、桥梁、隧道、渡口等不动产收费权让渡产生的债权"。

针对"转让未来应收账款情形下保理合同效力认定"这一问题，江苏省高级人民法院民二庭 2015 年就国内保理纠纷相关审判实务问题所做的专项调研课题中提出："未来应收账款是指合同项下卖方义务未履行完毕的预期应收账款。对于未来应收账款，银监会《商业银行保理业务管理暂行办法》第十三条规定，商业银行不得基于未来应收账款开展保理融资业务。可见，银监会将未来应收账款排除在保理业务范围之外。实践中，对于保理商以未来应收账款作为保理合同转让标的的效力如何判断的问题，我们认为，从体系解释看，上述规定出现在"保理融资业务管理"章节，旨在引导保理商控制经营风险，并不涉及合同效力判断。保理商违反该规定开展未来应收账款保理融资业务，在增加自身经营风险的同时，也会带来额外收益和正外部效应，司法不宜过度介入市场主体基于商事判断作出的选择，不宜认定保理合同无效。且上述规定属于部门规章性质，也不应作为判断保理合同效力的依据。需要指出的是，《国际保理公约》及《国际贸易中应收账款转让公约》均未禁止未来应收账款转让。

针对未来收费权保理业务，除了考虑债权是否成立进而对开展保理业务前提条件的影响外，更应该考虑这类业务隐含的重复融资风险是否可控以及未来如果发生争议目前法律法规能否调整。以公路收费权为例，众所周知，国内几乎每一条公路都是举债建设的，而之所以能够举债正是因为贷款人看重未来的收费权，现今又将未来收费权转让给保理商进行二次融资，如果未来公路经营不善、收益不佳，那么各批次债权人的受偿先后秩序及其他分配事宜该如何规定？现行《收费公路管理条例》规定，"国家确定的东部地区省份政府还贷公路收费期限不超过 15 年、经营性公路收费期限不超过 25 年，国家确定的中西部地区省份政府还贷公路收费期限不超过 20 年、经营性公路收费期限不超过 30 年。实行统贷统还的政府还贷收费公路，其收费年限按照偿还完贷款即停止收费的原则执行。"照此规定，一旦贷款还清，公路不可再收费，不具有收费权也就无从开展公路收费权保理业务。所以，对于一个公路收费权保理项目来说，或者是既有贷款又有保理，面临重复融资的风险；或者，虽然没有贷款，但也没有收费权，却拿着收费权来做保理。另外，在既有贷款又有保理的情况下，如果做贷款时已将收费权质押，则根据《物权法》，出质后不得转让，但出质人和质权人协商同意的除外。也就是说，出质人再把收费权转让保理商的前提是保理融资要直接清偿项目贷款。保理商用自己的融资清偿了贷款，承担了全部风险。银行项目贷款会要求提供全额担保，然后贷款置换为保理融资后保理此时只有未来应收账款的债权，风险显著上升。

目前保理方面的立法本就滞后，保理业务再与其他融资业务结合，只怕法律规范也是捉襟见肘，难以调节。所以在立法完善之前，针对未来收费权保理业务，笔者认为还是秉承审慎经营的原则，尽量回避。借鉴台湾学者丛树人的观点，如果确实要给这类企业贷款，可以换一种方式，而不必硬要套保理的壳，可以采用传统的授信业务，重点考察客户的主体信用评级，并通过征提保证金、缩短融资期限、一有回款立即冲销等措施来降低风险。

二、反向保理

反向保理（Reverse Factoring）通常被理解为买方希望采用对其更有利的结算方式（例如从信用证转为赊销）进行交易，将其交易对手的信息告知保理商，由保理商为卖方办理保理业务的模式，因此反向保理被视为一种营销手段。

《供应链金融技术的标准定义》指出，反向保理被认为是应付账款融资的一种"更温和"的变型。在反向保理交易中，买方不向融资提供方提供正式的发票到期付款承诺，但是会提供相关信息指出它认为有效和正确的发票。在这一形式中，买方可能会将其供货商介绍给融资提供方，然后就是拟定方案，融资提供方与每个卖方签署一系列的保理或买入应收账款协议，因此没有标准应付账款融资程序中买方向融资提供方出具无条件和不可撤销付款承诺这一要素，也被称为进口或装运后融资。

在《供应链金融技术的标准定义》中，"应付账款融资"被视为一个体现供应链金融本质的通用且中性的表达，与传统的应付账款融资产品相比，在产品特征、合同关系和操作程序上都有区别。这类安排通常包括有关使用方面的约束性承诺，且包括对卖方有追索权。应付账款融资的定义为：是通过一个由买方主导的方案实现的，其中，买方供应链中的卖方能够以应收账款购买的方式获取融资。货物或服务的卖方用这项技术可以选择在实际到期日前得到应收账款（以未偿付发票显示）的贴现后金额，通常融资成本与买方信用风险直接挂钩。到期前买方对应付账款一直欠付。

"应付账款融资"术语会因不同的命名惯例有所改变，其同义词包括经核准的应付账款融资、反向保理、保兑、已确认应付账款、供货商付款、供货商预付、贸易应付账款管理、买方主导的供应链融资、供货商融资，或就称为供应链金融（后两个名称实际上指的是一个整体业务，但经常被错误地当作不同业务）。

三、订单管理

订单管理（Purchase Order Management，POM）是对装运前阶段出口商提供装运前融资（订单融资）时因买方拖延违约及倒闭风险提供的信用风险保障。该业务的产生可以为 FCI 成员与市场上银行及贸易信用保险商提供的贸易融资产品提供竞争手段。POM 可以使保理商在买卖双方从订单订立至出运前这段时间提供融资及信用保障。

订单管理业务中，保理商承担买方出运前的信用风险。通常这种信用保障是由于订单与装运前有较大的时间间隔，且产品是高度专门定制的特性，很难向其他客户再销售。

订单管理是 FCI 不同委员会共同支持的一个项目。FCI 制定了 POM 的补充协议模板（目前最新版是 2013 年 6 月版）。未来该协议仍然会根据 POM 发展的情况做进一步修改。

FCI 的法律委员会及执行委员会提示 FCI 会员在办理 POM 业务时注意预料之外的事情，应以常识及双方合作优先，建议会员调查自身的法律及监管环境，尤其是作为进口保理商时。在特定的司法环境中，POM 的信用风险实际上是凭保险单，因此需要考虑执照许可及竞争法等法律规定。

对于进出口保理商来说，提供 POM 服务时均需要考虑商业、法律及其他因素。

例如，就出口保理商而言，商业方面至少需要考虑：客户间成功交易的历史情况；产品的适应性，包括是否具有再销售价值以及是否可识别、卖方记录的合适性、是否可证实其成本及收益；法律方面至少需要考虑：是否存货的所有权与制作中的产品与其他债权人和银行有冲突、是否可以确立融资的法律基础、装运前阶段无债务、是否有监管的许可；违约风险及违约损失有多大、报价策略、与人行信用保险单如何协调，等等。

对于进口保理商来说，商业方面至少需要考虑：卖方需要何种细节、同意最高的信用保障时间是多长、如何进行结构化报价；法律方面至少需要考虑：提供这种担保责任的基础是什么？是保函、广义的应收账款还是保险；如何进行账务处理；是否有监管许可；资本要求、违约风险暴露（EAD）及违约损失率（LGD）是多少；从出口保理商那里可获取何种权利，等等。

POM 需要进出口保理商共同做好额外的监控，并且应该仅仅在对业务有充分把握且员工具备相关培训的情况下办理。在办理该业务前，应事先进行法律咨询。

四、催收救助

催收救助（rescue）是对到期未付的出口应收账款催收提供额外催收协助，其主要目的是在卖方出现问题时，由愿意提供该类服务的进口保理商帮助办理出口单保理业务（公开或隐蔽型的）的 FCI 成员催收到期未付的应收账款。催收救助也可用于买方出现问题时。催收救助不是 FCI 的支持性产品。

2006 年 FCI 年会中通过了催收救助的方案。该方案规定，催收救助按原样（as it is）的方法处理。FCI 将不会对方案进行任何修改。该方案的目的是给成员单位在使用催收救助时给予标准化沟通方案的一个指引，因此，该方案不是强制性的，仅为了便利化作用。进口保理商应该在他们的 IFIS 中说明是否提供该类服务。进口保理商收到出口保理商报文 25（催收救助业务）的催收救助需求后，使用 FCI 新 edi-factoring 报文 26 回复是否受理业务及受理的条件。如果同意，则发送报文 26（救济业务受理/拒绝），说明佣金及其他费用。出口保理商需要使用报文 9 列出所有买方的到期未付的发票清单及贷项清单。如果币别不同，则需要使用不同的报文 9 发送。使用催收救助服务需要签署保理商协议的附加协议。

催收救助有两种模式：一种是代理模式，进口保理商作为催收代理机构，应收账款不转让；一种是应收账款转让模式，即附加协议在指明 GRIF 中的条款不适用（内容有所修改）。FCI 设计了参考补充协议模板（参见本书附录），但不是强制性使用，可以根据意愿选择使用。

五、如何看待保理"创新"

当前保理业的创新五花八门，但许多做法已经违背了保理行业本质，称之为"伪创新"也不为过。厚朴金融董事长、商业保理领军人李书文直言道："如果保理行业的从业人员意识不到这一点，还陶醉在预付款保理、订单保理、收费权保理、未来应收保理、通道保理、POS机保理等'闭门造车'的创新之中，那这个行业离消亡那一天也不远了。"这些盲目"创新"的问题，根源上还是在于对保理业务内涵缺乏深层次认识，对 GRIF 等国际规则惯例没有吃透，或者尽管吃透了准则但是在国内大环境下选择了随波逐流。实际上目前存在两种相互冲突的力量左右着保理商的行为：一方面，目前国内银行保理和商业保理公司都趋之若鹜地申请加入 FCI，认为这样可以获得一种身份认同和身份提升，而加入 FCI 的门槛之一便是要对 FCI 制定的国际通行的惯例规则加以学习和实践，并且在成为成员之后要时刻将合规性放在第一位，遵守既定标准、规范办理业务，否则随时存在被剔除出 FCI 的风险；另一方面，现在我国企业融资环境不乐观，政府鼓励发展包括保理在内的各类服务于中小微企业融资需求的贸易融资业务，但是因为商业保理行业自 2012 年才在试点地区开始发展起来，在我国尚属于新兴行业，商业保理公司多是新注册的企业，监管部门对其认识也不充分，监管措施也是在逐步完善，难免出现一些监管漏洞，而保理商又急于求成，充分利用现有的监管漏洞设计出各种"创新"的保理产品。

目前商业保理尚处在发展早期，总体融资业务规模不大，尚未出现大范围的倒账坏账，因此商业保理公司的风险意识仍然较薄弱。而我国银行保理比商业保理率先发展了几十年，业务经验丰富，风险管控体系完善，取得了颇多成果，在历届国际保理业界年度评比中，我国多家 FCI 银行会员屡次荣膺 FCI 颁发的"最佳进出口保理商奖"、"进口保理商进步奖"、"最佳出口保理商奖"等奖项。除了遵循 FCI 的相关规则，银行保理作为银行体系下的业务之一受到《巴塞尔新资本协议》的监管。《巴塞尔新资本协议》没有考虑到包括保理在内的贸易融资产品的自偿性高、风险低的特性，采取"一刀切"的杠杆率监管标准，对银行的资本充足率要求很高，给银行保理业务造成了不利的影响。此外，国际上对银行等金融机构的反洗钱工作采取严格监管措施，对洗钱行为采取零容忍态度，要求金融机构必须了解你的客户，即 KYC（know your customer），这些都给银行保理业务增加了成本。又因为保理是劳动密集型的产品，不但需要有经验的人才，而且需要 IT 方面的配合，所以国际上有一些银行已经退出保理业务。譬如美国，20 世纪 60 年代美国保理发展得非常好，80 年代保理逐渐没落，而现在许多银行已经基本不做保理业务。因为银行保理本来是对中小企业服务的，中小企业在 KYC 方面难以达到标准，所以银行不愿去做保理业务。综合这些因素，银行现在普遍对保理业务的态度非常谨慎。银行保理和商业保理在认识上的差异，也反映到了监管部门监管上的差异，出现了现在商业保理野蛮生长、"创新"不断的局面。

从现实来看，我们既要遵守国际惯例，也必须要尊重市场。一方面，我们不能对保理业务肆意创新，另一方面，也要适应国内需求进行适当地创新，譬如国内双保理业务就是这样一种与我国地域辽阔、信用体系不健全、商业保理公司规模小的国情相适应的创新产品。保理业务的健康发展有赖于做得大，管得好。做得大要求我们必须创新，不能墨守成规；管得好，要求我们必须建立自己的产品标准和配套的风险管控措施。也就是说，创新的出发点是产品要被市场接受，市场不接受，产品无人问津才是最大的风险，但是创新的前提是要风险可控。在这一点上，无论银行保理还是商业保理都是一样的。在产品规范、司法解释、统一规则等问题上，不应因主体不同而有所差异。所以，产品创新的规范、认识的提高是需要过程的，需要银行保理、商业保理及有关社会各界共同努力。

第五章　商业保理运营管理

本章讨论了商业保理公司的运营管理。第一节分析了商业保理公司的组织架构，基本按照前台、中台、后台进行设置，包括市场部、风控部、资金部等部门；第二节梳理了商业保理的业务流程，其重点是执行"展业三原则"，即了解客户、了解业务、尽职调查；第三节总结了商业保理行业面临的主要风险及防范措施，包括操作风险、履约风险、信用风险、法律风险等。

第一节　商业保理组织架构

商业保理公司相对银行保理商，职能较为单一，在组织架构设置上基本分为前、中、后台：前台负责保理业务的营销和推广，中台负责授信风险、产品研发、制度建设等管理职能，后台负责应收账款催收、销售分户账管理等保理业务操作。与组织架构相适应，商业保理公司内部业务管理部门一般划分为市场部门、风控部门、资金管理部门三个部门，分别负责业务市场开发、业务风险控制、业务资金管理，各个部门应权责分明、相对独立。

市场部主要负责客户拓展、客户关系维护、搜集客户资料协助风控部门撰写业务风险评估报告以及保后客户跟踪等工作。

风控部下设三个部门：（1）信用风险部，负责确立风险偏好政策、制定风控标准和操作守则、出具保理业务风险报告；（2）产品方案部，负责制定保理业务规章制度、研发保理产品和组织专业培训、向客户推介保理产品、提出业务指导意见等；（3）运营风控部，负责业务合同的签署、保理汇款账户的管理及对账、保理额度的建立、冻结和解冻、保理业务统计分析等工作。

资金管理部门负责业务资金来源渠道的拓展、保理资产的质量监控和资本金管理、风险资产清收等。

由于保理业务专业性较强，保理公司应当经常组织员工培训，内容包括保理原理、业务规范、操作流程、风险防控、金融知识、国内外法律法规、行业内典型案例学习等，鼓励从业人员参与行业自律组织举办的各类专业培训活动，并对其专业能力进行评估和考核。

除了构建完善的组织架构，商业保理公司应当建立电子化的业务操作和管理系统，提高业务标准化自动化程度、降低人工操作强度，进而减少操作风险，同时也满足客户对电子化交易的需求。具体来说电子系统应实现如下目标：（1）统一业务操作规范和管理流程：确保保理商在风险防范、额度控制和业务流程等方面进行即时监控，随时了解业务运营情况，便于对业务的定期检查；（2）预警及监管：实现对应收账款分账户管理，并对业务异常情况进行预警提示等；（3）业务数据保存：及时备份业务数据，确保储存数据安全，并且可根据需要随时调取数据，便于事后的统计、回顾等。

　　为了实现上述目标，电子业务系统应当具备如下基本功能：（1）系统管理功能，包括系统用户设置及权限管理与维护，基础信息及业务参数的录入与维护等；（2）业务模块功能，根据保理业务的基本流程设定相应的工作模块，允许前、中、后台工作人员能够在统一的电子平台上相继进行业务操作；（3）额度管控功能，在系统内实现对买方企业、卖方企业、合作保理商等各方的授信额度管理；（4）账务处理和报表生成功能，自动生成会计分录反映已发生的交易，并能提供账务核对功能，系统还能够根据不同需求生成月度、季度、年度等定时报表或者随需随取的随机报表，便于保理商实时了解应收账款余额、期限等情况；（5）对周边系统接入功能，保理系统需要具有较好的可扩展性，预留有多种系统接口方式，能够便捷地接入客户供应链管理系统、信贷风险系统、保理商间信息交互系统等外部系统。依据保理商自身人力、物力等资源条件和对电子系统的个性化要求（譬如安全性、保密性要求），保理商可以选择自建电子业务系统或者外包给第三方企业。

第二节　商业保理业务流程

　　本节将以典型的国际双保理业务为例，介绍保理业务流程。总体上，叙做保理业务应认真执行"展业三原则"，即"了解客户"（Know Your Customer，KYC）、"了解业务"（Know Your Business，KYB）、"尽职审查"（Due Diligence，DD）三项基本要求，这是确保贸易背景真实性，有效实现保理业务自偿性，确保保理业务健康发展的基础。

一、受理出口双保理业务申请

（一）了解交易背景

出口保理商应做好贷前审查与尽职调查工作。

1. "了解客户"，即了解客户的整体信用状况，做好客户准入、信用管理等工作。在业务办理前，应以现场或非现场手段，调查出口商的股东背景、资信状况、经营状况、财务状况、管理层情况等。在此基础上，出口保理商应为出口商核定合理的信用限额。由于进口商付款是保理融资的第一还款来源，保理业务除了对出口商客户要做好KYC外，还应对出口商的交易对手进口商做好KYC，即做到"了解客户的客户"（KYCC）。保理商应了解进口商的付款记录，此外，如出口商所有应收账款仅涉及单一进口商，还需考虑集中度风险。

2. "了解业务"，与贷款等传统信贷业务相比，保理业务通过应收账款债权形成自偿性，从而降低业务风险，因此，对应收账款债权所基于的基础交易的了解与审核在保理业务中尤为重要，"了解业务"是与保理业务天然相伴的基本原则。对基础交易运作情况进行全流程的了解和管理。应根据行业惯例、进出口双方合作关系及法律关系等，审慎判别和验证基础交易背景真实性。

3. "尽职调查"，包括主体信用尽职调查和应收账款债项信用尽职调查两个层面，前者的尽调要点涵盖公司设立基本信息、公司业务能力、内控制度调查、财务状况调查；后者的尽调要点涵盖应收账款债权的真实性、有效性、可转让性、权利完整性、转让的唯一性等。实践中，可以从国家工商总局的"全国企业信用信息公示系统"、人民银行征信中心的个人和企业征信系统了解主体信用基本信息，从人民银行中登网查询应收账款转让、质押登记信息以避免重复融资，使用商业保理专业委员会研发的"保理行业信用信息交换系统"（即"黑名单"系统）查询企业和个人失信信息。除此之外，还可以使用最高人民法院的"全国法院被执行人信息查询系统"、国土资源部子网站"中国土地市场网"、国家工商总局商标局的"中国商标网"等获取尽调所需信息。

4. 依据保理业务管理及其他相关政策法规对业务合规性进行审查，包括银监会、商务部制定的银行保理、商业保理行业监管政策，也包括人民银行、外汇管理局等制定的涉及外汇管理、反洗钱、制裁合规等要求的监管法规。

（二）出口保理商应审核出口商提供的文件

1. 应根据出口商提供的文件分析业务类型、信用限额和信用（融资）期限的合理性和适配性。保理商应调查相关交易是否符合保理条件，并根据交易主体履约能力及交易特点，正确选择保理业务类型。

2. 基础交易合同是否对产品的数量、价款、质量、付款条件、纠纷/争议的解决方式等内容约定清楚；应收账款是否具有"可保理性"，即合同中是否存在寄售、抵销、进度付款、含保修安装等条件付款，债权是否已抵押第三方，是否包含禁止转让条款等。

3. 在中登网查询应收账款信息。

二、向进口保理商申请初步信用额度

可参考 FCI 有关信息，选择进口商所在国家或地区资信良好、服务上乘且具有良好口碑的进口保理商。进口保理商应纳入代理行授信，进出口保理商需签订保理商间协议（Interfactor Agreement）。

三、签订出口保理协议

进口保理商初步回复同意为进口商核定进口保理额度后，出口保理商应与出口商签订出口保理业务协议。

四、申请正式信用额度

签订出口保理协议后，出口保理商可向进口保理商申请正式信用额度。核准后，应占用进口保理商授信，并根据进口保理商提供的介绍信格式请出口商向进口商寄送介绍信通知应收账款转让事宜。

五、应收账款的转让

（一）出口商交单

1. 出口商应向出口保理商提交《债权转让通知书》、基础交易合同（如之前未提交）、发票、运输单据等。

2. 出口保理商审核单据。对交易单据的真实性等进行合理审查。在国际保理中，主要审查提单、发票，还应通过电子口岸、海关进出口数据、第三方货运网站等进行辅助验证；在国内保理中，主要针对增值税发票和运输单据（如有）进行核验和审查。审核要确保单据所代表的应收账款债权完整有效。如需对交易背景进一步调查了解，出口保理商应采取其他外部渠道进行核实。

（二）出单并转让

单据审核无误后，出口保理商应寄送应收账款转让通知文件（商业发票需加载转让条款）并将出口商转让出口保理商的应收账款转让给进口保理商。

六、融资

（一）审核融资

出口保理商应调查买卖双方近几年的贸易往来情况、过去一年内交易总量、应收账款账龄、月均余额、余额峰值等信息，从而合理确定保理融资额度和期限收集信息。此外，出口保理商还需注意融资期限与交易背景、行业惯例的匹配性及合理性，防止客户套取融资或不合理放大融资需求。

（二）发放融资

出口保理商应根据出口商资信、进出口双方交易历史和付款记录、基础交易商品市场行情等业务实际情况合理确定融资比例，一般不超过受核准发票金额的90%。

七、回款与催收

（一）回款路径

出口保理商为出口商开立出口双保理业务收款专用账户。应收账款到期，进口商应按照商业发票上加载的转让条款要求将款项支付给进口保理商，由进口保理商将款项付至出口双保理业务收款专用账户。

（二）回款

出口保理商收到进口保理商的汇款，扣除融资本息后将余款为出口商办理入账。

（三）催收

出口保理商应定期对已到期未收回的应收账款进行催收。

（四）办理国际收支申报及待核查手续

出口保理商应按照外汇管理有关规定为出口商办理国际收支申报及待核查等手续。

八、按有关规定要求进行人民银行征信系统登记

第三节　商业保理风险防范

保理业务是一项具有良好发展前景的金融服务，然而这一业务也

与生俱来伴随着经营风险，如不对这些风险给予有效控制，保理业务自身存在的优势就不能有效发挥，发展保理业务也将成为无本之木。

《供应链金融技术的标准定义》列出了保理的主要风险和风险缓释措施建议：

表 5 - 1　　　　　　　　　保理风险缓释措施建议

风险	风险缓释措施建议
买方违约或无力偿付，包括相关国家风险	通过信用和风险评估、监控和信用保险等方式加以缓释
用于保理发票的有效性和合法性	通过抽样制度化或某些案例单个验证的方式加以缓释
集中度风险	设置集中度限额，以此将风险分散到销售分类账中加以缓释
应收账款的保理适用性——对保理商叙做能力有负面影响的交易特征、合同或融资条款。如保修期过长，承包工程业务（如建造），易腐货物销售，分阶段付款等	将禁止类和限制类货物排除在外
应收账款价值稀释（例如贷项清单、应收账款债权与到期发票付款义务的抵销），以保证差价和融资比例加以缓释	通过对合格应收账款贴现款设立留置额（或差额）的方式
已存在抵质押保证安排的转让或禁止转让	通过其他受保证当事方的弃权或去除或追加保证并完成所规定的法律上有效要求加以缓释
"了解你的客户" / "反洗钱"	放在客户准入程序中，并定期进行重检
法律权威性的缺失	可通过对相应的司法管辖权力和合同的当事方进行法律尽职调查来缓释
因对销贸易产生抵销和风险	通过对披露的交易进行定期核查来缓释，确保融资提供方的未清偿应收账款余额与买方的记录相匹配

续表

风险	风险缓释措施建议
因卖方无力清偿事件引发的风险，例如"收入追回"事件，融资提供方在购买应收账款时或在银行一般账户混存回款资金情况下，就清楚困境的存在	可通过以融资提供方名义开立回款账户加以缓释
卖方的欺诈行为，如虚增发票的价值或提供无真实商业背景的发票	通过交易的核查和充足的信用控制措施来缓释
重复融资	通过获取应收账款的担保物权、应用适当的"了解你的客户"程序和确认应收账款权利转让（包括通知买方）的合法有效加以缓释
卖方和一个或多个买方共谋的欺诈行为可导致资金转移而无法满足到期付款义务	通过监控财务状况及客户的管理层诚信度加以缓释，客户的管理层诚信度可通过与其保持联络和获取常规管理信息关注业务恶化和可疑迹象来判断，在必要时也可通过由融资提供方直接催收的方式加以缓释
卖方和融资提供方雇员之间串通进行欺诈	通过内部控制和职责划分加以缓释
一般性操作风险，起因于不间断地确保应收账款所有权合法有效所需的多重操作要求	可通过完备的程序、恰当的自动化水准和过程控制来缓释
因当地适用管辖法律规定对完善的权利转让未完成或有瑕疵，尤其在跨境情况下	通过法律尽职调查加以缓释

《供应链金融技术的标准定义》指出，以上所有风险同时还可通过对交易、系统和控制措施的有力监控、报告和审计流程来缓释。

下面，本节将分别重点对保理的操作风险、履约风险、信用风险、法律风险进行阐述。

一、操作风险

操作风险主要是指保理商内部业务人员在信用调查、融资审批、债权文件受让核实、出账和对账、回款等业务流程环节上因为操作不当、流程缺失或不规范而未能识别应收账款债权不成立或存在瑕疵所导致的资金损失风险。操作风险在放贷前、放贷中、放贷后均存在，具体表现为：

（1）放贷前的操作风险主要为保理商因为疏忽过失导致受让的应收账款债权产生缺陷因而无法按时足额收回保理融资，包括未利用中登网进行查询，导致未能及时发现同一贸易合同下的应收账款已经被质押或转让的事实，出现重复融资；没有认真审核贸易合同条款及附加条款，导致未能识别应收账款被设定限制或禁止转让的事实，出现保理商无法受让应收账款；没有对基础合同及卖方履约行为进行实地考察，如果交易过程中产生纠纷和争议，面临买方行使抗辩权拒不付款的情况。

（2）放贷中，未能及时在中登网上对应收账款转让、质押行为进行登记公示，如果卖方二次转让或质押给其他机构并被其他机构率先登记，则保理商对应收账款的权利不能得到第一位的保护；在保理系统录入财务报表、发票号码、保理类型、融资期限和利率时存在操作失误，又没有被复核出来，可能导致会计核算失误，保理统计数据失实。

（3）放贷后，保理业务期限与应收账款回款期限不匹配，买方在保理融资到期之前先行付款，或者买方并没有付款至保理商指定账户即构成间接还款，而保理商又未对应收账款回款账户进行实时有效地监控，将导致应收账款回款被卖方挪用的风险。

尽管保理商在办理保理业务中一般都要求应收账款回款至保理专

业账户中，但是，对于保理专用账户，目前国内法律并未作出像信用证或保函业务中的保证金特定账户那样的相关规定。

针对"保理专户中保理回款的性质认定"这一问题，天津市高级人民法院关于审理保理合同纠纷案件若干问题的审判委员会纪要（二）指出：

"保理专户又称保理回款专用户，是保理商为债权人提供融资后，双方以债权人名义开立的，或者保理银行开立的、具有银行内部户性质的，用于接收债务人支付的应收账款的专用账户。

对于保理商与债权人约定将保理专户中的保理回款进行质押的，如果该保理专户同时具备以下几个特征，保理专户中的回款可以认定为是债权人'将其金钱以特户、封金、保证金等形式特定化后'，移交保理商占有作为保理融资的担保，在应收账款到期后，保理商可以就保理专户中的回款优先受偿：（1）保理商将应收账款的债权人和债务人、应收账款数额和履行期限、保理专户的账户名称、保理回款数额及预计进账时间等，在'中国人民银行征信中心动产融资统一登记平台'的'应收账款转让登记'项下'保理专户'进行登记公示。（2）每笔保理业务应当开立一个保理专户，如果多笔保理业务开立一个保理专户的，应当证明每笔保理业务与保理专户的相互对应关系。（3）保理商、债权人与保理专户的开户银行签订保理专户监管协议，确保保理专户未存入应收账款回款之外的其他资金，未与债权人的其他账户混用，未作为日常结算使用"。

针对"保理专用账户性质认定"这一问题，江苏省高级人民法院民二庭 2015 年就国内保理纠纷相关审判实务问题所做的专项调研课题报告则认为："从司法实践看，商业银行采取的应收账款收账方式普遍是由债权人在银行开立保理专用账户，用于收取相应的应收账款并进行保理融资本息和保理余款的结算。该账户虽为保理专用账户，由商业银行实际控制，债权人不得自行支取，但从形式上看，此账户仍为债权人账户，款项性质仍是债权人财产。有观点提出，可以参照《最高人民法院关于适用〈中华人民共和国担保法〉若干问题的解释》第八十五条有关特户、封金的规定认定账户资金为质押动产。但动产质押除应具备占有和财产特定化两个要件外，还需具备质押合意，保理商和债权人显然不具备质押合意。据此，我们认为，对于债权人开立的保理专用账户资金，法院仍可以采取冻结、扣划等措施，债权人破产的，该账户内资金应被纳入破产财产"。

针对操作风险，一般性的防范措施是，首先，保理商要制定完善的保理业务规章制度、保理业务管理办法和操作流程，对业务范围、组织架构和部门职能等予以明确规定，并加强对各环节业务流程的控制管理，严格按照规章制度和业务手册开展保理业务；其次，要加强对从业人员的培训力度，提高业务人员的业务水平，特别是对于容易出错的环节应该通过反复培训提高业务人员警惕意识；最后，引入电子化系统来处理业务，尤其是一些机械琐碎、重复度高的事务完全可以通过电子化系统进行处理，解决人工操作下随意性大、易出差错的缺陷。针对贷前、贷中、贷后可能出现的一些风险，具体的防范措施有：（1）贷前重点审查应收账款是否存在部分或全部出质、转让或异议登记等情形，避免重复融资；（2）贷中要及时在中登网进行登记公示；（3）贷后要做好应收账款催收以及回款监控工作，要求卖方开立保理专用账户并由银行进行监管，在基础合同中约定未经保理商同意不得擅自更改回款账户，同时要求卖方在合同中约定一旦收到债务人付款将第一时间通知保理商，并由银行按照监管协议将收到的款项划转给保理商用以支付保理融资本息和费用。此外，如果保理账户为卖方名下，需注意如果卖方与保理账户所在银行原本有融资往来，可能会出现银行自动将保理账户中的应收账款回款用于偿还卖方到期的银行贷款，因此保理账户最好在保理商名下受保理商的直接监控。同时，保理商应密切关注企业相关的诉讼风险，采取有效措施规避保理回款账款因司法扣划、冻结等造成的到期无法偿还融资款项的问题。

二、履约风险

履约风险实际上包括卖方信用风险和欺诈风险两种。卖方信用风险主要指在有追索权保理业务中，当出现如下情形保理商要求卖方履行应收账款回购义务而卖方拒不履行或者不能履行，导致保理商无法按时足额收回保理预付款的风险：

（1）卖方履行基础合同义务时存在瑕疵譬如交付货物的时间、品质、规格、数量、包装与合同不符以及售后服务不到位等，导致买方向保理商主张行使抗辩权、拒不付款；

（2）卖方虽然履行基础合同约定妥善交付货物或者提供服务，但买卖双方此前互相负有可抵销的债务并且买方对卖方的债权先到期从而买方予以抵销，或者买方因为自身财务状况恶化而导致到期无法足额付款；

（3）欺诈风险，具体包括卖方通过采用单独或者联合买方虚构交易背景、伪造商品购销合同及发票单据等欺诈手段骗取保理融资的风险也即"假贸易、真融资"，以及买卖双方通过恶意更改合同导致货款相互抵销，或者卖方恶意改变买方回款路径、挪用买方还款资金等导致保理商无法收回保理融资款的风险。

针对"债权人提供虚假应收账款情形下保理合同效力认定"，江苏省高级人民法院民二庭 2015 年就国内保理纠纷相关审判实务问题所做的专项调研课题报告中指出："融资性保理以应收账款转让方式为企业融资提供担保，尽管《担保法》对此类担保未作明确规定，但可以依据债权转让法律关系予以认定，保理合同并不当然无效。存在争议的是，债权人与债务人没有真实贸易往来、串通形成虚假贸易文件，或者债权人伪造债务人签章形成贸易文件，提供虚假应收账款进行保理融资的，效力如何认定。有观点认为该保理合同无效。我们认为，尽管债权人存在虚伪意思表示，但作为保理合同另一方的保理商如果并无通谋意思表示，则不应以此为由认定保理合同无效。同时，债权人因上述行为构成骗取贷款或贷款诈骗犯罪的，保理合同效力评价仍应依据《民法通则》、《合同法》进行，在《合同法》上，刑事诈骗对应的是欺诈行为，保理合同属于可撤销合同，并不当然无效。上述情形下，保理合同关系应区别处理，对于债权转让关系，因应收账款并不真实，应认定债权人违约履行；对于借款关系，则应根据借款发放及返还情况作出处理。此外，司法实践中，保证人往往以保理商未尽审查义务，未能审查出应收账款虚假为由主张免责。此时应区分情形作处理，保证人并非以应收账款转让作为提供担保前提的，保理商是否尽到审查义务，不影响保证人责任承担；保证人以应收账款质押作为提供担保前提的，应当审查保理商是否尽到审查义务，未尽审查义务的，应当按照保理商过错大小相应免除担保人责任"。

针对"债务人与债权人串通伪造虚假应收账款情形下债务人责任认定"这一问题，江苏省高级人民法院民二庭 2015 年就国内保理纠纷相关审判实务问题所做的专项调研课题报告中指出："对此存在两种不同的意见，一种意见认为，债务人在应收账款确认材料上签字，即应承担清偿应收账款责任；另一种意见认为，基础合同关系无效，债务人对于保理商构成侵权，应当就保理商实际损失承担赔偿责任。我们倾向于第二种意见，债务人与债权人串通伪造虚假应收账款，应认定购销合同无效，保理商无法基于并不存在的应收账款债权主张清偿，而债务人串通伪造虚假应收账款的行为，构成对保理商债权的侵害，应当就债权人、担保人不能清偿的部分承担赔偿责任"。

针对"基础合同变更对保理商的影响"这一问题，天津市高级人民法院关于审理保理合同纠纷案件若干问题的审判委员会纪要（二）指出：

"保理合同对于基础合同的变更有约定的从约定，无约定的，可以按照以下情形处理：（1）保理商可以对保理合同内容作出相应的变更。（2）债权人变更基础合同的行为导致应收账款的有效性、履行期限、付款方式等发生重大变化，致使保理商不能实现合同目的，保理商可以向债权人主张解除保理合同并要求赔偿损失，或者要求债权人依照保理合同约定承担违约责任。

债权转让通知送达债务人，债务人未向保理商作出不变更基础合同承诺的，不承担因基础合同变更给保理商造成损失的赔偿责任。债务人已向保理商作出不变更基础合同承诺的，对于因基础合同变更给保理商造成的损失，如果没有明确责任承担方式，保理商可以主张债务人在债权人承担责任的范围内承担补充赔偿责任。

债权人与债务人恶意串通变更基础合同，损害保理商利益的，保理商依法主张债权人与债务人对造成的损失承担连带责任的，应予支持"。

履约风险中的卖方信用风险相对容易应对，可以通过重点审核基础合同的质量认证条款、监督和敦促卖方尽职履约、在保理合同中引入纠纷解决机制条款和明确反转让情形等规避相关风险。

欺诈风险是履约风险乃至所有风险中危害最大也最难应付的。针对欺诈风险，保理商主要采取风险控制手段，从源头上杜绝欺诈的发生，具体措施为：

一是认真审核基础贸易合同，核实买卖双方贸易背景是否真实、合法、有效，所提供的商务合同、商业发票、货运及质检单据等是否完整可信。审核要点包括贸易合同买卖双方印章是否清晰并与合同关系人一致，合同要素譬如合同标的、履约条款、付款方式和日期等是否齐全，发货单、出库单、入库单、提货单、验收单是否齐备且符合行业惯例，通过防伪税控系统进行多次查票防止发票伪造以及红字冲销，这里需特别注意发票并不是贸易真实的充分必要条件，而只是必要条件，如果可行，保理商应当要求进入供应商电子系统中进行检查核实。另外，需尤其警惕关联企业之间的应收账款保理业务，要从严审查交易背景是否真实、合理、定价是否公允。

二是严格审查卖方历史上有无出现违约行为，买卖双方历史交易有无贸易纠纷。

三是保理商要对买卖双方采取电话、传真、实地调查等方式进行核实，确认材料的真实性。

四是通过发展双保理业务，借助合作保理商开展尽职调查。

三、信用风险

这里的信用风险主要指买方信用风险，在无追索权保理业务中，保理商买断卖方的应收账款成为买方债权人、承担买方的信用风险，买方因破产、倒闭丧失付款能力或在无争议情况下未按期付款，导致保理商丧失第一还款来源无法按时足额收回保理预付款的风险。

对于上述情况对保理商带来的风险及权利救济问题，天津市高级人民法院关于审理保理合同纠纷案件若干问题的审判委员会纪要（二）指出：

"债务人应当按照应收账款债权转让通知向保理商或者债权人支付应收账款。债务人知道或者应当知道其向保理商支付应收账款的，如果仍向债权人支付，保理商向债务人主张支付应收账款的，应予支持。

保理合同签订后，债权转让通知送达债务人之前，债务人已经向债权人支付的应收账款，保理合同对此有约定的从约定。保理合同无约定的，保理商向债权人主张给付其所收取的应收账款的，应予支持。

债务人未依约支付全部应收账款时，保理商提出下列主张的，应予支持：（1）应收账款债权转让通知已经送达债务人的，保理商要求债务人支付全部应收账款。（2）债权转让通知没有送达债务人的，保理商要求债权人积极向债务人主张支付全部应收账款，并按保理合同约定将相应款项给付保理商。（3）债权人负有回购义务的，保理商要求债权人返还保理融资本息并支付相关费用。（4）债权人的回购义务履行完毕前，保理商依据保理合同及债权转让通知要求债务人付款或者收取债务人支付的应收账款。

债权人履行回购义务后，保理商应将应收账款及其项下的权利返还债权人，债权人取得基础合同项下对债务人的相应债权，保理商不得再向债务人主张还款。前述所称回购义务是指债权人向保理商转让应收账款后，当发生保理合同约定的情形时，债权人应依约从保理商处购回所转让的应收账款债权。

债务人依约支付全部应收账款的，保理商在扣除保理融资本息及相关费用后，应将保理回款的余款返还债权人"。

针对买方信用风险，保理商在办理保理业务时，可以遵循行业—客户—贸易业务—贸易条款的顺序逐层筛选出值得介入的保理业务来降低信用风险。首先，优先选择国家政策扶持、行业前景良好、上下游关系清晰稳定的行业作为准入行业；然后选择客户时通过考察交易双方的资产负债和经营状况、历史交易记录和交易习惯等筛选出信用评级较高的企业；在前两个标准的基础之上，优先选择货款回收期短、发生频率高的贸易业务作为保理业务落脚点[1]；最后，对于贸易业务需认真考察其贸易合同条款，实际中包含下列条款的合同因为应收账款债权债务关系不清晰或者不便于保理商催收账款等原因不适宜开展保理业务：寄售、对冲销售、赊销期限过长、进度付款、对公共部门的

---

[1]　中国银行业协会保理专业委员会：《中国保理产业发展报告（2014）》，中国金融出版社，2015。

销售、有特定限制付款条件的销售业务、含保修期付款条件的销售。按照前面的流程确定好授信客户及贸易业务后，为了降低信用风险，保理商可以通过采取额度管理的办法来避免集中授信带来的风险，包括无追索权单保理业务中给予买方的信用限额、有追索权单保理中给予买卖双方的信用限额、双保理中给予合作保理商的信用限额等均应提前设立额度管控指标。

除了采取上述措施来降低信用风险，还可以通过选择信用保险保理或第三方担保保理来转移信用风险。赊销本身是一种风险极大的交易方式，保理商为供货商提供融资，实际上就是将这种信用风险转移到自身。保理商转移风险的一种有效方式是购买信用保险，但需了解信用保险只能覆盖买方付款能力风险，不能覆盖买方付款意愿的风险，如果因为发生破产倒闭、战争或政治动荡等缘故而导致买方无还款能力的话，保险公司会对保理商予以赔偿，如果因为发生商业纠纷导致买方不愿付款的话，保险公司是不会承担承保责任的。实际中，如果买方拒不付款，99%都是因为发生了商业纠纷，而信用保险正是为了确保在剩余1%的情形中保理商可以安全抽身。

四、法律风险

法律风险是指基础交易本身以及应收账款转让过程中因为触及法律禁止规定而影响保理商的债权实现进而导致资金损失的风险，主要包括如下几个方面：（1）应收账款的合法性，这一点直接取决于基础交易的合法性，譬如基础交易中主体是否有进出口经营权、是否超越经营范围、涉及的货物贸易是否属于国家禁止或限制项目。（2）应收账款的可转让性，债权的可转让性主要受限于法律的强行性规定和当事人之间的约定，根据我国《合同法》规定，如下债权不得转让：根据合同性质不得转让、按照当事人约定不得转让以及依照法律规定不得转让的债权。（3）债权转让的有效性，根据我国《合同法》规定，债权人转让权利的，应当通知债务人，否则不对债务人发生效力，这也是国际上主流的规定。在开展国际保理业务时还需特别考虑债务人所在国对债权转让书面确认生效、在指定部门办理转让登记才能产生优先效力等法律要求妥善办理转让手续。（4）暗保理业务特有的法律风险，由于暗保理未在办理保理业务时将债权转让事实告知债务人，而是一般约定在发生债务人信用风险时方将暗保理转为明保理，即向债务人发送应收账款转让通知，保理商受让债权后面临对债务人法律约束力弱、难以监控债务人的资金流向等情况，也可能存在买方已经向卖方付款但卖方拒不承认或者买卖双方联合欺诈保理商等风险。

针对法律风险，商业保理公司一方面应当配备专职法律人员，严格审查合同条款，防范因合同瑕疵带来的法律风险，特别是注意合同主体是否适格、销售商的回购义务、债务转移限制、争议解决办法以及是否存有与保理业务不相匹配的义务条款等几个问题；另一方面可以合理利用买卖合同卖方的承诺及保证机制，要求卖方就债权有效性、合法性、完整性、唯一性以及可转让性等事项作出承诺，并约定卖方协助保理商向债务人送达应收账款债权转让通知。

五、其他风险

上述风险基本上是保理商可以控制的风险，属于非系统性风险，具有偶发性，通过谨慎开展业务可以规避；而除此之外，保理商还面临一系列系统性风险，包括市场风险、汇率风险、利率风险、政策风险等。市场风险是指如果出现类似金融危机这样巨大的市场波动，导致多数企业面临破产困境从而无法向保理商及时足额偿还账款的风险；汇率风险是指保理商在开展国际保理业务时，如果融资支出款与融资收回款的货币非同一币种的话，可能面临汇率在融资期限内朝不利于保理商的方向波动进而导致资金损失的风险；利率风险是指保理商在融出资金后市场利率上扬而导致保理商自身资金成本上升、资金收益下降的风险；政策风险是指政府出台的保理相关法规、政策可能并不具有连贯性，早期可能制定了扶持保理发展的优惠政策，后期优惠政策可能会被暂停，导致保理行业面临较大的政策不确定性。系统性风险总体上而言发生概率较低，但是一旦发生具有影响范围广、影响力度大的特点。

第六章　商业保理融资渠道

商业保理业作为类金融行业，不能吸收存款，主要依靠杠杆获得业务发展资金，其外部融资渠道可以分为两大类：传统融资渠道，主要是指向股东借款和银行贷款；新兴融资渠道，包括资产证券化、P2P互联网金融平台融资以及通过资管计划、信托计划融资。目前商业保理公司的主要资金来源还是传统融资渠道。

第一节　传统融资渠道

一、股东借款

向股东借款主要有三种方式：第一种是直接借款，保理公司与股东签订借款合同，注明借款种类、币种、用途、数额、利率、期限和还款方式等，需要注意的是借款程序应当合法合规，遵循相关法律规定及财税处理要求；第二种是委托贷款，股东委托银行、信托等金融机构向保理公司发放贷款，具体操作流程是由股东将委托资金存入受托银行，受托银行进行基本的业务调查，按程序审批后向保理公司发放贷款并负责后续的贷款管理与回收，委托贷款相比直接借款操作更为规范，适合对财务规范性要求较高的公司；第三种是定向资管或信托计划，保理公司将保理资产委托给券商子公司、基金子公司、信托公司打包成定向资管或信托计划后向股东定向发售，股东通过购买该资管或信托计划向保理公司提供发展所需资金。

向股东借款的最大优势是便利快捷，但受到股东自有资金实力的限制，是大型企业控股的商业保理公司的主要融资途径。

二、银行贷款

商业保理公司获得银行贷款的方式主要有两种：一是银行综合授信，主要适用于财务状况良好、资信水平较高的商业保理公司，譬如厚朴商业保理公司在成立两个月时间内通过综合授信获得民生银行上亿元的贷款；二是再保理模式，商业保理公司将其基于保理业务获得的应收账款债权再次转让给银行获得再保理融资，但是这种模式内含这样一个矛盾，如果商业保理公司的客户是中小企业，这些中小企业本身属于无法获得银行贷款的高风险群体，银行是否愿意对这些以中小企业的应收账款债权为基础的资产进行再保理，是个待定命题，而如果商业保理公司的客户是资信条件好的大型企业，这些企业完全可以直接通过银行获得融资，无须经由商业保理公司。

商业保理公司向银行贷款虽然资金成本较低，但除了少数具有国企、金融机构、上市企业股东背景的商业保理公司，大多数企业由于成立时间较短、又具有高负债轻资产运营的特征，缺乏有效抵押物难以获得银行抵押贷款，而受让的应收账款债权又以中小微企业为主要债务人，也很难通过应收账款质押获得银行贷款。

第二节　新兴融资渠道

一、资产证券化

资产证券化是指企业或其他融资主体①将合法享有的、原先缺乏流动性的但具有可预测的稳定现金流的资产或资产组合出售给特殊目的载体，再以该基础资产产生的现金流为支持、通过一定的结构安排在资本市场上发行证券以获得融资的一种手段。

2014 年银监会与证监会相继发文，资产证券化由事前审批制变为备案制，2016 年初人民银行等八部委联合发布的《关于金融支持工业稳增长调结构增效益的若干意见》又提倡要稳步推进资产证券化发展，为商业保理公司的资产证券化创造了良好的政策条件。保理资产证券化的基本流程为②：

1. 组建资产池。商业保理公司受让卖方的应收账款，并进行筛选组合，组建用于证券化的应收账款资产池。按照《证券公司及基金管理公司子公司资产证券化业务管理规定》，这些基础资产除了应符合债权清晰、真实、合法、有效、权利完整（不附带抵押、质押等担保负担或其他权利限制）等基本原则以外，还应当能在未来产生可预测的稳定的现金流，规模和存续期限应当与资产支持证券相匹配。

---

① 不同于公司债权要求发行主体必须为公司制法人，资产证券化对发行主体的要求更为宽泛，既包括公司制法人，也包括学校、医院、事业单位等其他符合国家政策要求的融资主体。

② 盈科保理：《保理资产证券化交易模式研究》，http：//www. inter – factoring. com/2015/blyj＿0623/366. html，2015 – 06 – 23。

2. 设立特殊目的载体（Special Purpose Vehicle，SPV）。证券公司及基金子公司发起设立 SPV，用于购买商业保理公司的应收账款，这一过程必须为"真实出售"。并且通过破产隔离、优先次级分层、信用触发机制、外部增级等交易结构设计，SPV 将应收账款转化为可在金融市场上自由买卖的有价证券。

3. 增信。SPV 会对证券进行结构化信用增级，包括内部增信和外部增信两种。内部增信手段主要有：（1）设置优先级证券和次级证券分层结构，优先级证券具有偿还顺位优先、评级高、风险低、收益率也低的特点，只有在支付完毕优先级证券的利息和本金之后，才会开始偿还次级证券的本金和利息，如果出现损失，次级证券将是承担损失的第一梯队，实践中通常由发行证券的保理商自身购买次级证券，在优先和次级证券分级结构下，如果次级证券达到一定高的比例，那么优先级证券发生损失的风险将会很小，因而也就可能得到很高的信用评级；（2）分散风险，在组建基础资产池的时候，遵循单笔应收账款金额越小、总体应收账款笔数越多的原则，避免应收账款过于集中于某一个债务人，进而减少单个资产对资产池的影响，否则一旦该债务人违约将导致重大资产损失；（3）超额抵押，是指基础资产池的规模超过发行证券的规模，当资产发生损失时，由超额抵押部分首先承担损失；（4）利差账户，该账户用于储备基础资产产生的利息收入减去资产支持证券需支付的利息等费用后的净收入，只有当资产池表现达到一定条件时才会将该利差账户中的资金释放给发起人，该账户里的资金可以在现金流出现短缺时用于弥补资产支持证券的损失，从而对证券起到增信作用；（5）现金储备账户，该账户功能与利差账户类似，证券发起人将初始发行收入的一部分存入现金储备账户，作为资产支持证券的流动性保障和损失补偿，是对利差账户未能弥补的本息、服务费等缺口进行的补充；（6）设置回购条款等。外部增信手段主要有引入第三方担保、银行担保、信用保险等。

4. 评级。专业评级机构在评估基础资产的信用质量、交易结构的风险的基础上进行现金流分析与压力测试，最终评定保理资产支持证券的信用等级，并将评级结果向投资者披露。

5. 证券发行。证券承销商将不同优先级的证券发售给投资者，并将获得的发行收入作为基础资产对价支付给保理商。

6. 证券维护。在证券存续期间，评级机构要对资产支持证券进行跟踪信用评级，证券公司、托管机构也要履行相关信息披露义务。

7. 还本付息。保理公司将应收账款回款划转至专项计划的账户，由 SPV 向投资者还本付息。实践中，针对应收账款期限较短且账期不统一，与资产证券化产品存续期限不匹配的问题，可以采取循环认购的方式，即在资产证券化产品到期前保理公司用应收账款回款现金流重新购买应收账款资产以备认购。

保理资产证券化的基本流程如图 6－1 所示。

资产证券化相较于传统的股权融资、债权融资方式，最大特点在于：（1）能够实现风险隔离，被证券化资产的信用状况与发起人的信用状况相互独立，也就是说资产支持证券的风险收益与发起人不再存在任何关系，一方面，当发起人发生破产时，被证券化的资产也不会被纳入清算资产，因此破产的发起人及其债权人不能对证券化资产行使追索权，从而保障了证券投资者的利益，不必担心企业的整体信用

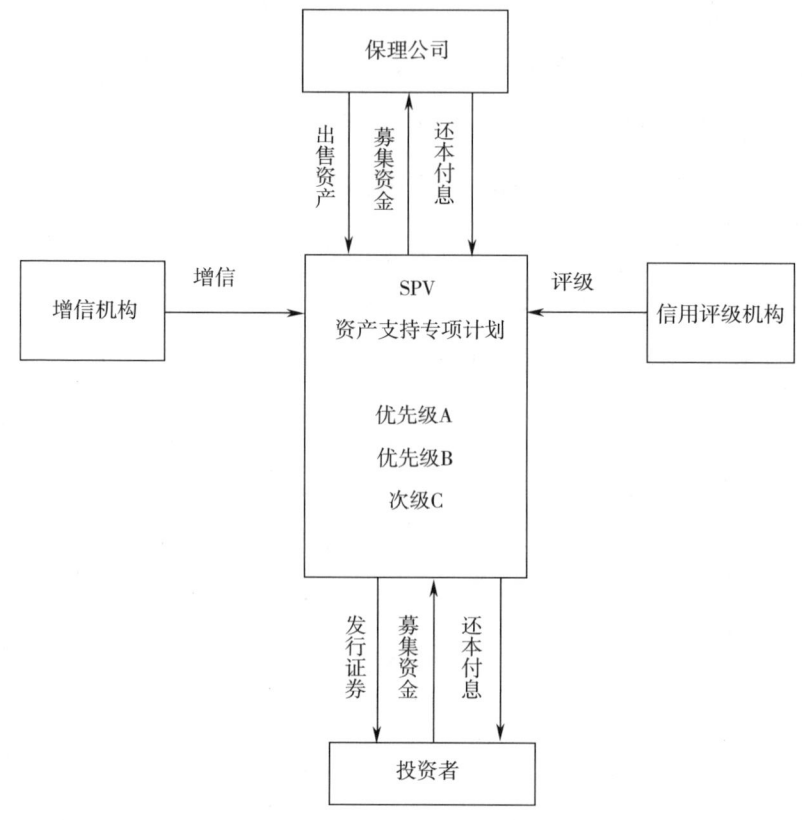

图 6-1 保理资产证券化流程

而只需专注于被证券化的基础资产的质量。另一方面，当基础资产池出现损失时，证券投资者也不能向发起人或原始债权人追索，其追索权仅限于资产本身。（2）在风险隔离的前提下，发起人能够借助信用增级手段，突破发行人自身信用和融资瓶颈，发行比发起人信用评级更高的证券，获得成本更低的融资。（3）优化财务状况，发行企业能够剔除资产负债表中的风险资产，改善各种财务比率，特别是对于受到 10 倍风险杠杆限制的商业保理公司能够通过资产证券化减少风险资产规模和比重，有利于增强企业资产流动性，扩大业务规模。

2015 年 5 月，上海摩山商业保理有限公司成功发行了国内首单以保理融资债权为基础资产的资产证券化项目——"摩山保理一期资产支持专项计划"，在上海证券交易所固定收益平台挂牌流通。项目总规模为 4.38 亿元，分为优先 A 级、优先 B 级和次级资产支持证券三个等级，产品期限为 3 年，其中前两年为循环期、最后一年为分配期。该项目为商业保理行业借助资产证券化市场筹集资金树立了标杆①。2016 年 8 月，国内首单互联网保理资产证券化项目"京东金融—华泰资管 2016 年 1 期保理合同债权资产支持证券"在上海证券交易所正式挂牌，该项目背后对应京东供应链金融业务"京保贝"的债权，发行规模 20 亿元，优先 A 级资产支持证券评级 AAA 级，规模 14.4 亿元、占比 72%、发行利率 4.1%，优先 B 级资产支持证券评级 AA 级，规模 5.59 亿元、占比 27.95%、发行利率 5.9%，优先 A 级和优先 B 级产品循环期 2 年、全部由机构认购，次级资产无评级，规模仅为 0.01 亿元、占比为 0.05%。

保理资产证券化在中国还是刚刚起步，相较于融资租赁资产证券化的发行规模还很小，主要原因还是在于商业保理行业自身发展历史较短、股东背景较弱、应收账款债务人资质较弱，存在大量非保理性的融资。另外，还有待在行业监管、税收制度、业内认知度、业外认可度等内涵与外延方面进行提升。目前由于资产证券化门槛较高，对企业主体评级和项目评级要求较高，且耗时较长，尚未成为中小商业保理公司的有效融资渠道。

---

① http：//www.guopeiwang.com/Article/ArticleDetial？id=18229，国培机构，2015-05-20。

二、P2P 平台融资

P2P 平台融资的模式为：供应商将应收账款债权转让给商业保理公司，由商业保理公司向其提供融资服务，保理公司再通过 P2P 平台将该应收账款转让给平台投资人来募集资金，应收账款到期后商业保理公司从债务人处收回本息并支付给网贷投资者。在这一过程中，P2P 通常会要求保理公司承诺回购、引入担保或保险等方式进行增信。其基本业务流程如图 6-2 所示：

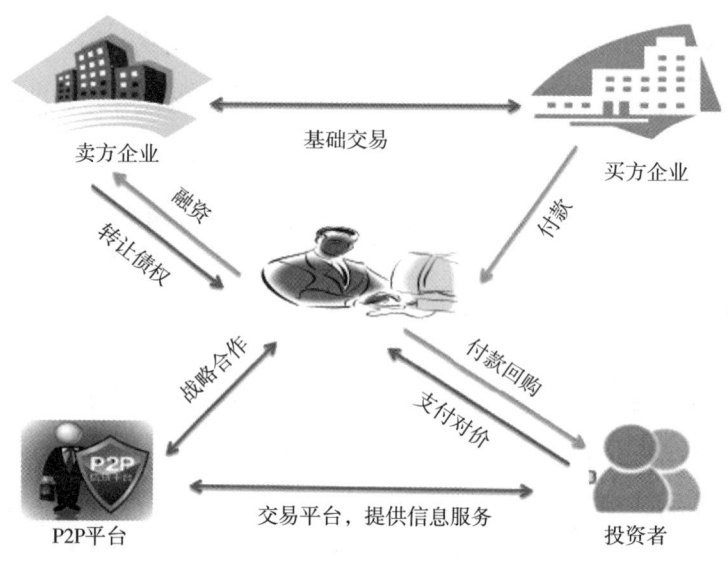

图 6-2 P2P 平台融资模式

目前一些知名 P2P 平台已经专门上线了保理产品，譬如爱投资平台推出的"爱保理"产品线就主打保理产品，投资期限一般为 1 周至 6 个月，年化收益率在 6% ~ 12%。在该网站上，针对每一个保理 P2P 项目，均会详细描述基础交易、原债务企业、保理业务、保理公司、保

理公司意见、风险保障以及风控措施，其中风险保障中一般会列出还
款来源，通常原债务人为第一还款来源、保理商为第二还款来源、原
债权人为第三还款来源，风控措施中一般会交代对应收账款、债权人
及债务人进行了尽职调查，并且应收账款采取折价保理的方式，以此
来消除投资者的信息不对称、降低投资风险。

P2P本身是一种好的融资模式，既迎合了民间资金需要在银行存款
之外寻求收益较高、风险相对可控的投资需求，也满足了像商业保理
公司这类急需拓宽融资渠道来源的企业的融资需求。但由于P2P准入
门槛低、监管制度缺失、行业过度创新和伪创新导致风险大规模爆发，
表现为P2P平台提现困难、跑路、倒台的问题频频曝光。互联网金融
行业专项整治活动加大了对P2P的监管力度，一些不符合要求的平台
势必会遭到淘汰，为行业发展扫清障碍。然而，监管可能过犹不及，
反而限制了保理商通过P2P平台融资。2016年8月24日，银监会、工
信部、公安部、国家互联网信息办公室联合发布的《网络借贷信息中
介机构业务活动管理暂行办法》，将网贷平台定位为信息中介，引导网
贷平台朝小额分散、普惠金融发展，限定单一借款人的借款额度不得
超过监管红线，并以负面清单形式明确了网贷机构13类禁止性行为，
其中之一便是禁止P2P平台开展类资产证券化形式的债权转让业务，
这些举措起到了一些清理整顿、风险缓释的作用，但在某种程度上也
限制了资产端的发展方向，对保理商通过P2P平台融资造成巨大冲击。

三、其他新兴融资渠道

其他新兴融资渠道主要包括：（1）保理公司通过与信托公司、基

金子公司、券商子公司、资产管理公司等金融机构合作，设立信托计划、定向理财计划、专项资管计划等进行出售，从而获得流动资金。实践中的案例有中粮信托与中信保理公司于 2013 年 12 月 9 日设立的"中粮信托·中信保理资产转让集合资金信托计划（一期）"，共募集资金 7000 万元。（2）在新三板挂牌公开转让获得融资，2015 年 12 月 14 日上海成也商业保理股份有限公司获批登陆新三板挂牌交易。（3）在金融资产交易所转让获得融资，目前北京金融资产交易所、重庆金融资产交易所、深圳前海金融资产交易所等都与商业保理公司有成功的合作。（4）通过除 P2P 平台以外的互联网金融平台融资，2015 年 7 月 23 日，盛业商业保理有限公司与蚂蚁金服旗下理财平台招财宝合作，将旗下优质保理资产以收益权转让的方式做成理财产品"盛易通 1 号"，放在招财宝上出售，虽然产品规模不大只有 100 万元，但是作为全球首家商业保理公司登录招财宝，拉开了商业保理与互联网金融合作的序幕，阐释了普惠金融的一种落地形式，示范意义重大。

第七章　商业保理业发展展望及建议

本章首先展望了商业保理行业的未来发展前景；然后针对商业保理行业发展过程中面临的政策困境，呼吁监管机构从几个方面为商业保理行业的健康发展作出努力，包括健全保理方面的立法，加强部门协调、统一地方监管办法，明确商业保理定位，加强商业保理行业的准入管理，制定符合商业保理行业发展规律的监管政策，完善社会征信体系建设，规范应收账款转让登记等；最后针对商业保理行业自身发展瓶颈，也提出了一些有针对性的建议。

第一节　商业保理业发展展望

林毅夫曾形容中国的经济为"一放就活，一活就乱，一乱就收，一收就死"，当前商业保理行业也是遵循了类似的发展轨迹。自商务部放开试点以来，商业保理行业可谓欣欣向荣、活力四射，但随即而来的便是乱象丛生，主体乱、人员乱、产品乱、经营乱，等等。目前各地一般允许商业保理公司使用 10 倍的资金杠杆，而小贷公司只有 0.5 倍的杠杆，为了躲避监管，许多小贷公司摇身一变成为保理公司，还有租赁公司、担保公司也纷纷投身保理行业，这些公司或者假借保理之名行放高利贷之实，或者将保理嫁接到其他业务上创新金融产品，行业风险在不断积聚。接下来可以预想的是政府部门将会收紧政策、加强整顿，然而是否会出现"一收就死"的局面呢？商业保理的未来出路如何呢？

必须肯定的是，商业保理行业不会死，保理行业更不会死，而且会发展得越来越好，规模越来越大。贸易融资、动产融资、供应链金融是未来金融领域的一个重要方向，这是由多重因素决定的。第一，从需求层面来讲，买方市场是客观事实，赊销贸易是大势所趋，企业确实存在盘活应收账款、加速资金流动的需求，特别是中小微供应商企业承受的贸易条件最为苛刻、资金占压最为严重，因为缺乏不动产抵押物，对应收账款融资需求最为迫切；第二，从供给层面来讲，在央行采取一系列货币宽松措施后，国内是存在严重流动性过剩的，这些资金绝大多数都掌握在银行手中，银行承担的投资压力很大，迫切需要寻找到合适的资金投向，但同时需要控制投资风险，而以保理为代表的供应链金融业务是银行的极佳选择，银行既可以自己直接开展保理业务，也可以通过再保理业务将资金投放到实体经济中去；第三，从政府层面来讲，政府解决中小微企业融资难的决心是非常坚定的，并且已经认识到发展应收账款融资业务对于解决中小企业融资难题的重要作用，因而政府对保理行业的态度是非常鼓励的，同时也出台了一系列旨在扶持保理行业发展的政策措施；第四，保理行业自身具有逆经济周期特点，在金融危机期间，FCI 的会员没有一家倒闭的，这说明保理本身具有的自偿性高等特点保证了它具有良好的抗风险能力，能够持续地发展下去。

　　未来商业保理行业一定是朝向更加规范、更加专业的路径发展。首先，这种规范性体现在随着政府部门对保理认识的加深会逐渐完善监管细则，对保理商的资质、准入、业务模式、风险管理等出台更加明确合理的规定，对保理行业起到一个清肃整顿的作用。行业协会也会陆续拟定一些自律文件，便于保理商自查自纠。保理商通过加入FCI等国际组织、与国际保理商的合作也会熟悉国际保理惯例，制定更加规范的业务模式和流程。其次，更加专业主要指商业保理公司会逐渐改变以融资挂帅的业务模式，在应收账款管理、催收、坏账担保等非融资性业务方面建立专长。融资性业务主要赚利差，非融资性业务主要赚服务费。立足我国基本经济形势和金融体系资源分配现状来说，在短期内，商业保理公司以融资挂帅没有问题，这也是当前商业保理公司最主要的业务，因为不管是从需求层面、供给层面、政府层面对保理的主要诉求都是其融资融通、分配资金功能。但是，从长远来看，以融资挂帅的商业保理公司会逐渐被淘汰，因为论资金实力商业保理公司无法与银行匹敌，赚利差的业务模式不会长久，只有在非融资领域建立专长才能保证自己在保理行业中有一席之地，并且可以以此为砝码与银行进行再保理从而扩大自身业务规模、提升业务收入。

第二节　对于监管机构的呼吁

　　商业保理对于解决中小企业融资难题、促进经济增长、推进供给侧改革等具有积极意义，监管部门应当认识到商业保理的重要性，为商业保理的发展创造良好外部环境。具体来说可以从如下六方面开展：

第一，加速保理方面的统一立法，推动保理业规范化发展。立法的滞后已经严重制约我国保理业的发展，应当尽快出台保理相关的全国统一立法，扶持保理成为规模化、规范化、专业化的行业。在法律出台前，为了降低行业监管难度，全国各地的监管政策统一为好，包括税收、会计等方面，并且做好商业保理公司在监管系统的备案和登记工作，便于掌握行业发展动态。

第二，加强部门协调，统一地方监管办法。财政部、税务总局、海关、外汇管理局应当协调制定政策，为商业保理发展提供良好的政策环境。具体来说，财政部应尽快出台保理业的会计准则，规范会计核算；税务总局应当针对保理业中应收账款债权转让的事实出台适应保理业的增值税发票抵扣规定，避免在当前规定下因为增值税发票开票单位与收款单位不一致而导致增值税发票无法抵扣所造成的损失；外汇管理局应当针对商业保理公司在开展国际业务中产生的资金进出境、外汇异地划转、国际收支申报以及无法提供增值税发票以及营业税发票等事实制定相应的结售汇制度、税收制度，促进商业保理行业进军国际保理业务。

第三，明确商业保理定位，两个保理监管机构、两套保理业务管理办法的现状有待改变。商业保理与银行保理并无本质区别，均提供集应收账款融资、管理、催收和坏账担保于一身的综合性金融服务。银行保理商属于金融机构，受银监会监管，但商务部发布的《关于商业保理试点有关工作的通知》中将商业保理公司定位为商业服务机构，属于非金融企业，受商务部主管，这种情况下导致商业保理与银行保理开展业务合作存在难点。保理业务是全球统一制定的，有明确的定义，国际上将其定位为信用服务业，在我国不能因保理商的不同而改变业务性质。

第四，加强商业保理行业的准入管理，制定符合商业保理行业发展规律的监管政策。一方面，目前整体上对商业保理行业的监管较为宽松，商业保理行业的准入门槛较低，导致大量商业保理公司如雨后春笋般纷纷涌现，资质参差不齐，其中不乏资金实力薄弱、风险控制能力较低、从业人员素质不高的公司，也有不少为了在准入政策收紧之前抢注保理商资质而实际上并没有真正开业的公司。保理行业本身属于高风险行业，对风控能力具有极高要求，资质较差的公司扎堆保理行业无疑会带来系统性风险，不利于保理行业的长远发展。因此，有必要加强商业保理行业的准入管理。另一方面，关于商业保理业务管理的部分监管规定又过于严苛、不符合行业特点。譬如多数地方出台的商业保理行业管理办法限定商业保理公司风险资产不得超过公司净资产的 10 倍，也就是 10 倍的风险杠杆，而对风险资产的界定为企业的总资产减去现金、银行存款、国债后的剩余资产总额，如此一来就将固定资产也纳入风险资产，从而降低商业保理公司投资电子化系统等固定资产的热情。未来对商业保理行业风险资产的界定可以参照银行业的监管办法。

第五，完善社会征信体系建设，降低保理行业经营风险。信用信息是保理公司进行业务评估的主要依据，是保理行业及其他金融行业发展的基石。一方面要加强全国征信体系的建设，目前人民银行征信中心陆续整合社保、公积金、环保部门、工商部门、司法和执法部门等公共部门信息以及商业银行、财务公司、小贷公司等各类机构企业的信息，旨在建立一个覆盖全面的信用信息数据库；另一方面也要推动信用信息共享机制，允许商业保理公司接入人民银行征信系统，这样既能帮助商业保理公司掌握客户征信情况、准确评估信用风险，又能通过商业保理公司与人民银行征信系统间的失信上传机制丰富人民银行征信系统的信息，提高企业违约成本，降低企业违约风险。

第六，规范应收账款转让登记，保障保理商核心利益。目前我国针对应收账款质押已经建立完善的登记查询系统，中国人民银行征信中心的应收账款质押登记公示系统（即中登网"中征动产融资统一登记平台"）已经得到市场广泛认可，并且中国人民银行根据《物权法》等法律规定制定了《应收账款质押登记办法》用于规范应收账款质押登记。目前，中登网"中征动产融资统一登记平台"提供应收账款质押及应收账款转让登记、查询功能。但是，该系统仍需进一步完善改进，以避免基于应收账款转让或质押的重复融资，从而有利于帮助保理商或融资金融机构规避资金风险。例如，中登网"中征动产融资统一登记平台"未对应收账款转让登记要素做唯一性设定，比如发票号码或合同号码，造成保理商在该系统查询拟办理保理业务的客户质押或转让信息时，为避免疏漏，只能将该客户名称录入后查看其所有的应收账款质押或转让情况，然后审核是否有已办理质押或转让的应收账款，从而避免将已质押或转让的应收账款进行重复保理融资。

第三节　对于商业保理业的发展建议

具体来讲，推动商业保理发展，可以从以下六方面开展工作：

第一，将一些银行保理的现有产品和业务模式推广至商业保理，例如银保合作、供应链金融。银保合作，即银行保理与信用保险的结合，有力地增加了保理业务中风险承担的渠道，目前已经是银行保理市场上一项非常成熟的产品。供应链金融则是银行为以核心企业为中心的整个供应链条提供涵盖结算、融资、应收账款管理和风险规避等多种产品的一揽子服务方案，可实现资金在供应链体内的循环，从而满足整个供应链条的金融供应链管理需要。

第二，加强产品创新，例如探索保理的资产证券化、加速与互联网金融的融合，这符合目前我国金融业态多元化的发展趋势，有助于解决商业保理公司资金"瓶颈"，打造业务增长点。目前，部分商业保理公司已经在保理资产证券化方面和互联网金融方面进行了积极的探索和尝试。但同时，也要提防违背保理行业本质的过度创新和伪创新，特别是在当前监管不到位的背景下，需特别依靠行业自律来谨防过度创新引发的行业风险集聚。

第三，推动再保理业务发展。在再保理业务中，商业保理公司将其提供保理服务而获得的应收账款债权再次转让给银行或其他商业保理公司（再保理商），从而获得融资。再保理商可以提供有追索权再保理，也可以为符合条件的优质项目提供无追索权再保理。若由银行作为再保理商，可为商业保理体系注入新的资金，推动商业保理扩张；若由商业保理公司作为再保理商，可实现商业保理体系内的资源优化配置，促进商业保理内生发展。

第四，建立商业保理风险基金，以风险基金作为担保，由合作银行为商业保理公司提供再保理、贷款等融资支持，降低对商业保理公司的融资门槛，提高融资额度，解决商业保理公司融资难的问题。风险基金的资金来源可以采用以下两种模式：（1）非政府性行业互助资金模式，由商业保理行业协会发挥组织和管理作用，各家会员单位共同出资成立风险基金。目前国内采用类似模式的有信托业保障基金、医院医疗责任风险基金等。（2）财政专项资金模式，由政府出资成立商业保理风险专项资金并进行管理。目前国内采用类似模式的有财政部、商务部设立的对外承包工程保函风险专项资金、一些地方政府设立的科技型中小企业信贷风险专项资金等。

第五，加快制定国内双保理业务统一惯例，促进双保理业务发展。中国信用体系不健全，必须用双保理来弥补信用不足的问题，并且双保理有利于突破异地授信、异地调查的限制，因此双保理具有广阔的市场前景，但是目前缺乏统一的业务规则，制约了其发展。国际上GRIF主要针对进出口双保理，国内中国银行业协会保理专业委员会出台的《国内双保理业务合作协议范本 V1.0（试行）》主要用于规范银行间就开展国内贸易项下双保理业务的权利义务关系及业务流程，不能直接推广到商业保理上，因此我国商业保理协会应当尽快制定用于规范商业保理公司之间开展国内双保理业务的统一惯例，明确卖方保理商和买方保理商的职责和义务，便于各方在统一规则框架内顺利开展业务。

第六，行业协会加强业内合作协调，建立电子交互平台，促进资源共享。电子交互平台既可以作为业务合作平台，方便保理商之间开展双保理业务时商流、物流、信息流、资金流的传递，一方面统一业务平台能够提升交易效率，另一方面平台流程数据可以作为业务纠纷的呈堂证据；电子交互平台也可以作为公共信息平台，搜集展示保理相关的法律法规、部门规章、地方政策、国际公约等文件方便保理商掌握监管动态，以及及时上传更新行业内失信企业信息便于保理商规避潜在业务风险，譬如商业保理专业委员会研发的"黑名单系统"即具有该功能，使用的保理商越多，上传的失信信息越多，该系统对每个保理商的价值就越大。

第八章 保理业务案例分析

保理业务涉及的流程及法律关系较为复杂,以传统的双保理业务为基础而衍生的创新保理产品层出不穷。本章将以案例的形式,结合国际惯例和实务重点分析与保理业务有关的营销、争议处理及风险防控等问题。

案例一 保理业务 KYC、KYB 案例

【案例背景】

出口商 A 是台湾地区的电子类产品生产企业,希望通过双保理业务解决其流动资金压力问题;其最大的交易伙伴进口商 B 作为美国知名的大型电子产品零售商,分店遍布全球。

2005 年 3 月,出口商 A 与台湾当地出口保理商 M 签订出口保理协议,美国进口保理商 N 为进口商 B 核定额度,承担其信用风险。开办初期业务进展顺利,2006 年业务量达 700 万美元,出口保理商 M 向出口商 A 提供发票金额 80% 的保理融资。两年内,进口商 B 付款记录良

好，从未发生迟付。鉴于此，2006年10月，进口保理商N同意将50万美元额度延展至2007年7月30日。

2007年3月，出口商A转让了最后一笔发票，金额8.8万美元；5月，进口商B以货物迟装运为由对该笔发票提起争议。6月初，出口商A宣布破产，此时出口保理商M处尚有15万美元应收账款未收回。7月16日，出口保理商M联系进口保理商N，希望进口商B可以接受折价支付的方式解决争议并付清未结发票，进口保理商N回复其自4月后再未收到任何进口商付款，所有应收账款皆处于争议状态，进出口双方正在讨论折价细节。8月15日，进口商B告知进口保理商N，其中国分公司C已与出口商A就折价付款达成一致。9月6日，进口商B发函告知进口保理商N，其中国分公司C已付清所有账款，但未提及起息日及金额等进一步信息。此后，进口保理商N屡次尝试向进口商B了解更多情况，但进口商B均未答复。9月26日，进口商B终于答复进口保理商N，其中国分公司C与出口商A达成一致，扣除8万美元折价，剩余7万美元已于9月14日按出口商A的指示付至出口商香港分公司D的账户。就此，出口保理商M向进口保理商N提出担保付款申请。

【案例分析】

经审核业务单据后，进口保理商B发现以下情况：

1. 所有发票上债务人均为进口商中国分公司C，但进口保理商N从未就该债务人核定保理额度。无论EDI报文5（正式额度申请）或报文6（正式额度回复）的主体皆为其美国母公司进口商B，中国分公司

C 是进口商 B 在大中国区的采购中心，负责与出口商 A 的日常交易。一般情况下，美国进口商 B 会按照应收账款转让通知要求支付款项，但在本案的特殊情况下，中国分公司 C 在与出口商协商后更改了付款路径。

2. 发票由台湾出口商 A 出具，但所附有关陈述内容显示出口商香港分公司 D 作为托运人负责将货物从香港运至进口商中国分公司 C 在美国的仓库。

显然，出口商 A 是有意为之，使得应收账款得以绕开进、出口保理商的控制，支付至其香港分公司 D 的账户。GRIF 表明如进口保理商对申请涉及的债务人的确切身份无法确认，他可以在回复中更改有关债务人细节。任何核准只对进口保理商核准时认定的债务人有效。据此，进口保理商 N 并无义务做担保付款。本案中的核心问题就是出口保理商 M 没有切实落实 KYC 及 KYB 工作，对贸易背景真实性把握不严，对业务单据疏于审查，甚至在未厘清真实债务人的情况下就开展业务，最终导致了融资损失。

案例二　保理业务欺诈案例

【案例背景】

出口商 A 是台湾地区电子产品生产企业，进口商 B 是其在美国的贸易合作伙伴，主营电子产品进口及批发销售。2005 年 3 月，台湾出口商 A 与台湾出口保理商 C 签订出口保理协议，美国进口保理商 D 承担进口商信用风险。进出口双方年交易额约 800 万美元，一直以来，进口商付款及时且未发生间接付款或短付款等情况。

2006 年 8 月 1 日，美国知名电脑集团 E 通过国际贸易委员会（ITC）向进口商 B 提起侵权诉讼，理由是进口商 B 从台湾出口商 A 进口的电脑键盘及鼠标涉嫌侵犯 E 公司相关专利。2006 年 11 月 2 日，为了避免巨额的法律费用，进口商 B 决定通过 ITC 与 E 公司进行和解并支付专利费用。

2007 年 6 月 20 日，进口商 B 向进口保理商 D 就所有发票提出争议。6 月 27 日，台湾出口商 A 申请破产，主要负责人失联跑路。

【案例分析】

ITC 的调查显示，电脑键盘及鼠标乃台湾出口商 A 生产，进口商 B 并未参与产品的设计或生产。根据进出口双方的贸易合同规定，关于商品专利权引起的第三方追索，出口商 A 应就专利费用向进口商 B 进行偿付。

当时，进出口商间未结清应收账款余额约 150 万美元，尚不足以弥补进口商 B 支付的专利费用，鉴于此，进口商 B 以反索为由就所有应收账款提起争议。2008 年底，争议处理完毕结案，进口商 B 仅支付 7.3 万美元，出口保理商 C 蒙受巨额融资损失。

本案中，台湾出口商涉嫌欺诈并侵犯专利是产生争议及损失的直接原因。对于出口保理商来说，在客户选择时应该就出口商的口碑、商誉进行细致全面的调查；此外，如果对出口商进行更加频繁的查访，同样可能发现欺诈或侵权等蛛丝马迹。对于进口保理商来说，如果可以更早地参与调查，可以帮助出口保理商挽回一部分损失；然而，除非应收账款发生拖欠迟付，进口保理商一般不会介入，也就自然不会了解侵权及有关赔付。本案中，进口商对第三者要求的专利赔付进行反索并要求在应收账款中进行抵销。GRIF 指出一旦债务人拒绝接受货物或发票或提出抗辩（包括但不限于由于第三方对与账款有关的款项主张权利而引起的抗辩）、反索或抵销，则视为争议发生。出口保理商在审查进、出口方贸易合同时应注意是否涉及反索相关条款。无论进、出口保理商，尤其在经济下行的情况下，应该始终对出口商欺诈保持高度警惕。

案例三 保理业务风险控制案例

【案例背景】

某出口商 A 是木地板的生产企业，自 2006 年起向英国进口商 C 销售货物，赊销期为 90 天。为了缓解资金占压并美化财务报表，A 从 2007 年起在 B 银行（出口保理商）叙做出口双保理业务。

1. 信用额度核定遭知名进口保理商拒批

应出口商的申请，出口保理商先向英国某知名进口保理商发送进口商的信用额度申请，但未获核准；后向英国另一进口保理商申请才获核准，信用额度金额为 36 万美元。

2. 应收账款转让时记录错误

2008 年 6 月 24 日，出口商 A 转让了 2 单发票，到期日分别为 8 月

26 日和 9 月 17 日，出口保理商业务人员记录错误，将 A 的名字写成了 D，并将此信息发送进口保理商，但双方均未察觉。

3. 一单发票遭到退货、应收账款减额

两单货物到达英国后，经检验其中一单不合格（9 月 17 日到期的发票），进出口双方协商将货物退回；出口商出具了相应的贷项清单，应收账款结清；另一单（8 月 26 日到期的发票）暂显正常。

4. 第二单发票到期催收未果

2008 年 8 月 28 日，出口保理商向进口保理商询问剩下一单的付款情况，进口保理商向进口商催收，随即发现此单发票的出口商名称有误。

5. 错误发票取消，按照正确信息重新转让

2008 年 9 月 25 日，进口保理商要求出口保理商取消出口商名称有误的发票重新转让；当日，出口保理商按要求完成。

6. 进口商破产

2008 年 10 月，受金融危机影响，进口商 C 国内销售锐减，资不抵债、宣告破产。

7. 进口保理商拒绝担保付款

进口保理商拒绝担保付款，理由是：发票重新转让时已过发票到期日，进口保理商投保的保险公司拒绝赔付，进口保理商相应拒做担保付款。

【案例分析】

此案例的发生由三种风险导致：

1. 出口保理商的操作风险

出口保理商的操作疏忽是直接的原因。GRIF 明确指出，如果出口保理商实质性违反了 GRIF，结果严重影响了进口保理商对信用风险的评估及/或其收取账款的能力，进口保理商不应被要求进行担保付款。

本案中，出口保理商没有提供正确的发票信息，对进口保理商的催收造成困难。进口保理商催收时，进口商 C 因其提供的出口商信息有误拒付，从而耽误了付款的时间。

出口保理商造成了"不合格"的应收账款，出口保理商不得不因此而埋单。

2. 进口保理商的道德风险

GRIF 规定，进口保理商承担进口商的信用风险。本案中，进口商破产是不争的事实，出现了典型的信用问题；而进口保理商以保险公司拒赔为由拒绝担保付款，多少有逃避责任之嫌。

3. 行业风险

进口商销售木地板，是家装业、房地产产业链的下游。2008 年，席卷全球的金融危机，产生于房地产次贷危机。危机产生后，市场对房地产信心降低、下游的家装行业前景也不乐观，进口商 C 受牵连破产也是必然。

通过本案我们可以看到，加强全过程的风险控制非常重要，归纳起来有四个方面：

1. 重视操作风险、建立健全业务流程，树立风险防范意识

出口双保理业务虽然不是银行传统的单证业务，但在操作上也要

求出口保理商仔细审核贸易合同、发票、单据，在与进口保理商的信息传递和往来中严格避免差错。在流程上，出口保理商应设立复核制，及时发现差错、纠正差错。作为出口保理业务的从业人员，不能认为保理业务在操作上比单证业务简单而忽视风险，要加强对国际惯例的学习，树立操作风险防范意识，保护好自身利益。

2. 设定业务准入，了解客户

本案中，进口商 C 的信用额度曾被更有经验的进口保理商拒核，这其实说明了进口商 C 的信用、经营状况并没有想象中那么乐观。出口保理商应及时意识到这种"信号"，不能因业务机会难觅就盲目叙做，应该有所甄别，平衡好业务冲动与业务准入和风险管理的要求，仔细分析业务、了解客户。

3. 关注行业动向，加强行业分析

对出口保理商来说，出口双保理业务的直接风险虽是进口保理商的信用风险，但作为出口保理商也不可完全依赖进口保理商。要有自己独立的风险判断，应结合宏观经济形势加强对行业风险分析，将行业分析常态化、日常化。

4. 选择优质进口保理商合作

出口双保理业务中，当进口商出现问题时，进口保理商是否能及时地担保付款，履行风险承担者的责任，自然成为出口保理商要考虑的问题。服务良好的保理商可以为出口保理商、出口商提供周到、细致、专业的服务。

出口保理商应对进口保理商进行管理，了解其风险评估能力，考察其服务水平，进行一定范围内的选择。

本案的发生还提示我们，在选择进口保理商时，出口保理商应特别注意其风险承担方式。独立承担风险的进口保理商与将风险转投保险公司的进口保理商是不同的。前者的信用评估能力相对高些，而后者很可能因受到保险公司"牵制"和"连累"而影响其担保付款的意愿。

案例四　保理业务争议处理案例

【案例背景】

A 公司是一家外贸进出口企业，与德国一家设备制造公司签订了销售合同，赊销账期为 120 天，出口商品为石材切割机及零部件。随后，A 公司向 M 银行申请办理出口双保理业务，并与 M 银行签订了《出口双保理协议》，M 银行选择了德国一家保理公司作为进口保理商，并获得进口保理商核准的 25 万欧元信用额度。2013 年 8 月 20 日，出口商 A 公司转让了一张发票，并于 2013 年 8 月 22 日装运了该合同项下货物，该发票的到期日是 2013 年 12 月 20 日。

1. 提出争议

2013 年 12 月 20 日发票到期后未收到买方回款，M 银行要求进口保理商立即进行催收。2014 年 1 月 16 日，进口保理商向出口保理商发出争议报文，表示进口商对货物质量提出异议，正在联系出口商解决，将在 4~6 周后付款。M 银行收到争议报文后立即联系出口商了解是否对货物质量存在争议。经了解，进出口双方曾于 2013 年 6 月 4 日签订过销售确认书，在销售确认书中明确产品质量方面的索赔应于货物到港后一个月内以书面形式提出。截至收到争议报文日期，出口商并未收到进口商任何关于因货物质量问题将导致拒付的书面通知，且进口商表示因正值当地销售淡季，进口商正尽力消化库存，力争尽快付款。M银行将进口商并未向出口商提出货物质量问题并承诺将尽快付款的情况告知进口保理商，进口保理商回复，进口商还在就货物质量问题与出口商沟通，争议尚未解决。

2. 反转让与仲裁阶段

由于进口商一再拖延付款，出口商希望采用基础合同中约定的仲裁方式与进口商解决争议。依据GRIF第27条（iv）（b）条，出口保理商有权要求对争议涉及的账款进行反转让以便其以自身或供应商的名义采取法律行动，因此，2014年4月10日，M银行要求进口保理商反转让争议涉及的应收账款，以便出口商以应收账款债权人身份申请仲裁。M银行根据GRIF第27条（iv）（d）和（v）（a）条规定告知出口商应在收到EDI报文14争议通知180天内提出仲裁申请，正式开始法律程序；并且，M银行在规定时限内向进口保理商发送了EDI报文15告知其出口商已提起仲裁。2014年10月24日，仲裁委员会就争议事项作出裁决，结果完全有利于出口商。M银行告知进口保理商仲裁结果，并提供裁决书（中、英文版）及有关基础交易资料。

3. 就仲裁结果的法律适用问题与进口保理商及FCI法律委员会沟通

2014年11月28日，进口保理商表示因基础商务合同约定仲裁地点为中国，且德国法院无法执行中国仲裁机构的裁决，故不会将争议涉及的应收账款视为受核准的应收账款。就进口保理商拒绝做担保付款的问题，M 银行发函向 FCI 法律委员会和 M 银行法律部进行正式征询。FCI 法律委员会认为依据 GRIF 第 27 条（iv）（c）条，鉴于争议按照基础交易合同约定的方式进行了仲裁，并且仲裁结果完全有利于出口商，因此进口保理商应该做担保付款。并且，M 银行法律部出具意见表示，依据联合国《承认及执行外国仲裁裁决公约》（*United Nations Conventionon the Recognition and Enforcement of Foreign Arbitral Awards*【New York，10June 1958】），因中国和德国均为缔约方，若无该公约规定的例外情形，中国裁决机构的裁决是可以得到德国司法当局承认和执行的，故该德国进口保理商的陈述不能成立。M 银行将 FCI 和其法律部出具的上述意见反馈进口保理商，对方表示愿意做"有保留"的担保付款，即担保付款后，若仲裁结果在德国无法执行，进口保理商将向 M 银行索回担保付款及相关费用。M 银行就"有保留"的担保付款事宜再次向 FCI 征询意见，FCI 法律委员会回函："依据 GRIF 第 20（iii）和（iv）条，如进口保理商向德国法院起诉进口商，德国法院判决拒绝作出裁决或裁定进口保理商败诉，M 银行应返还担保付款，并承担进口保理商进行诉讼产生的相关费用。"

【案例分析】

从上述争议案例，我们可以从中得到以下几点启示：

1. 国际双保理业务中保理商的担保付款是有条件的

在国际双保理业务项下，进口保理商承担的担保付款是有条件的，如果进口商拒绝接受货物或发票或提出抗辩、反索或抵销，均被推定为发生了贸易纠纷，并视为争议发生。对于发生贸易纠纷或涉及争议的应收账款，不论其是否在信用额度之内，均被视为未受核准应收账款。因此一旦争议发生，出口商将是最大的"受害者"，根据 GRIF 规定，争议产生后，已核准应收账款将被暂时视为未受核准，相应地，进口保理商担保付款责任将暂时解除，出口商支付保理佣金却无法得到信用风险担保服务；并且在争议解决前，进口保理商不会就争议账款再做催收，在业务实务中，进口商常常会以争议尚未解决为由拒绝支付其他已到期的正常账款。

2. 办理国际保理业务仍然要注意防范信用风险

争议对保理业务涉及的各方都危害极大，如何防患于未然，从源头避免争议的产生就显得至关重要。对出口商而言，一方面要保证出口货物的质量符合合同要求，防止伪劣产品出口而毁损自身商业信誉；另一方面要注意了解进口商的信用程度，不能单一地依赖进口保理商核准的信用额度。对于出口保理商而言，在办理国际保理业务时，应该注意考察与进口保理商的业务往来记录，帮助出口商选择具有专业技术水准及良好职业操守的进口保理商。从本案例中可以看出，该笔业务项下的争议是进口商为拖延付款而提出的争议，即业内惯常说的"伪争议"（fake dispute），在仲裁结果完全有利于出口商的情况下，进口保理商拒绝进行担保付款，无论出于何种原因，根据相关国际惯例，该种做法都是不被认可的。

3. 担保付款也有可能因"境外执行风险"被反索

结合本案例可以发现，GRIF 第 20 条相关条款对进口保理商的

"保护"是非常完备的，甚至可以说是偏袒。该条款规定的是如果进口保理商是由于供应商与债务人之间的销售合同中对司法管辖权或纠纷解决机制没有明确的约定或债务人所在国的裁判机构拒绝作出裁决，造成其无法就已受让的某笔应收账款获得债务人所在国裁判机构的裁决，以便能够获得债务人的及时清偿，且上述事项在发票到期日后的365天内通知了出口保理商，那么进口保理商可以立即反转让该应收账款给出口保理商，并向出口保理商索回之前自己所做的担保付款。并且，该条款中涉及裁决的一切费用将由出口保理商承担，对于出口保理商来说，支付进口保理商在境外诉讼的法律费用将是一笔花费不菲的支出。此外，如果进口保理商败诉，出口保理商也需将已担保付款的款项退还给进口保理商。综上所述，即使进口保理商履行了担保付款义务，该业务并未真正终结，担保付款还有可能被反索。所以我国保理商作为出口保理商在获得国外进口保理商担保付款后，不能觉得落袋为安，还要持续关注进口保理商和进口商之间关于账款的后续催收处理进程（注：有时甚至可能是法律诉讼）。事实上，进口商所在国法院拒绝作出裁决或裁定进口保理商败诉的情形可归为"境外执行风险"，属于国际贸易中的一种固有风险，即使不办理国际双保理业务也会存在。在办理国际双保理业务的情况下，由进口保理商提起诉讼申请执行，比出口商自己进行跨境诉讼要更方便、效率更高，这是叙做国际双保理业务的优势，但最终的风险仍应由出口商承担。出口双保理业务中银行不承担"境外执行风险"，这一点今后在业务发起时应向客户明确说明。

案例五 出口双保理业务拓展案例

【案例背景】

S 公司是一家民营企业，生产家用炊具。2002 年起，公司考虑拓展海外市场。当时，S 公司品牌在海外知名度不高，美欧等地的进口商均拒绝开证，要求 O/A90 天。S 公司既要对进口商提供优惠的付款条件，又担心进口商的信用风险，同时面临资金周转的问题，于是，公司向 B 保理商寻求解决方案。

B 保理商向 S 公司推荐了出口双保理业务，利用与美国保理商的良好合作关系，成功为公司在美国的进口商核准了保理额度，为公司开办了出口双保理业务。2003 年业务量即超过 1500 万美元。之后，B 保理商又为 S 公司对欧洲和香港的出口提供了出口双保理业务。在 B 保理商出口双保理业务的帮助下，S 公司成功开拓了海外市场，销售额和利润率节节上升，于 2004 年成功上市。B 保理商这一成功营销案例也登上了 FCI 2005 年的年报。

【案例分析】

对出口商来说，运用保理业务最大的优势在于能向卖方提供无追索权的、手续简便的贸易融资，这不但可以优化企业财务报表，还可使出口方出售货物后就可以获得 80% 左右的融资。同时由于采用了赊销的方式，因此大大增强了产品出口的竞争力，并有利于出口商对新市场和新客户的培育。此外，出口商采用保理业务可以借助保理商了解客户的资信及销售状况的优势，减轻自身在财务管理方面的成本。

对进口商来说，由于基于信用销售，因此可以避免信用证项下较高的开证费用和百分之百的保证金支出，减少资金积压，降低进口成本。并且由于赊销方式下出口方为进口方提供了 1~3 个月的短期的出口赊销便利，因此进口商可以转售货物后再付款，扩大了其现有支付能力下的购买力。还有，相对 D/A 远期承兑，进口商无须在尚未取得货权的前提下即作出商业承兑；相反在卖方提供的商品和服务不符合合同约定时，进口商还可以本着善意的原则在规定时间内提出争议。

案例六　进口保理业务案例

【案例背景】

B 公司是我国某石油贸易公司，在 D 银行有授信，主要办理贸易融资及保函业务。A 公司是 E 国一家规模较大的贸易公司，与 E 国 C 银行有业务往来。B 公司承担了我国某项重大跨国工程建设材料采购任务，向 A 公司采购工程所需的某种基础材料，采购量及金额巨大。某日，针对 B 公司向 A 公司的采购，C 银行向 D 银行发出征询，希望两家银行合作办理国际双保理业务，D 银行作为进口保理商承担 B 公司的信用风险。收到征询后，D 银行立即联系 B 公司，询问 B 公司是否愿意拿出部分空余授信额度办理进口双保理业务。B 公司当即表示拒绝，认为此事并非由其发起，与其无关。D 银行随后对基础交易背景情况进行了调查：

1. 该项跨国工程面临的最大问题是工期紧迫，相比国际上同等规模的同类工程工期要缩短一半。在工期规定的时间内，国内企业对基础材料的生产根本无法满足工程需求，B 公司只能充分利用国际资源。E 国由于毗邻工程建设地点，在运输时效和成本上存在显著优势，成为国际供应的第一选择。

2. A 公司作为贸易企业，自身不进行生产，实际依靠 E 国众多生产企业供货。在前期交易中，B 公司处于强势地位，经常长时间迟付，而 A 公司又必须及时向上游付款，否则生产就会停止，由此，A 公司面临巨大的资金压力，其自有资金承受能力已经到了极限。

3. E 国金融市场在全世界属于"融资难、融资贵"的典型，仅凭 A 公司自身信用，E 国的银行一般不愿给予其较大金额的融资。

基于掌握的上述信息，D 银行再次联系 B 公司，介绍进口双保理业务及流程，阐述进口双保理对 B 公司的意义，打消其可能存在的顾虑。

首先，B 公司办理进口双保理业务有助于 A 公司从 C 银行获得融资。B 公司应该支持 A 公司获得融资，这样才能保证 A 公司向上游企业付款，从而保证基础材料的顺利生产，不影响工程进度。

其次，B 公司已与 A 公司签署了采购合同，合同总金额已确定，A 公司无法将保理业务成本转嫁给 B 公司。

最后，进口双保理业务流程简单，B 公司所要做的只是同意拿出部分空余额度，以及通过 D 银行付款。综合而言，虽然从表面上看，进口双保理没有给 B 公司带来任何账面上的收益，但实际却是有利于工程的按时完工。B 公司最终同意切分额度办理进口双保理业务。

【案例分析】

在国内银行传统授信体制下，银行根据客户的申请为客户核定授信额度，额度的使用一般由客户主动提出。而在进口双保理业务中，应国外出口保理商要求，国内银行作为进口保理商须承担进口商信用风险，向进口商提出占用额度的要求，进口商一般都会反对。对此，国内银行可从以下几方面入手，对进口商进行营销：

第一，全面了解基础交易背景。基础交易不仅仅是简单的"买"和"卖"，而且涉及许多信息，例如进出口双方各自的资金情况、在交易中的地位、以往交易记录，等等。

第二，挖掘出口商、进口商的核心诉求。例如在本案例中，出口商 A 公司的核心诉求是获得融资，而进口商 B 公司的核心诉求是工程按期完工，两种诉求并不相悖，而是相互促进。将出口商的核心诉求与进口商的核心诉求联系起来，能使进口商摒除"旁观者"的心态，积极参与业务，最终同意银行占用额度。

第三，与进口商站在一边。国外的进口保理商在进口商不是自身存量客户时，多采用主动授信方式给进口商核定额度。而国内银行在办理进口双保理业务时，进口商一般为已建立起业务往来的存量授信客户，额度占用需要获得进口商同意。在这种情况下，与进口商建立良好的关系是进口双保理业务顺利开展的有力保障。

保理银行必须使进口商感受到，银行是站在进口商一边的，是为进口商利益着想的。总而言之，进口双保理业务的营销要做到"知己知彼"、"晓之以理、动之以情"，国内银行办理进口双保理业务的前景会越来越光明。

案例七　保理逆向营销案例

【案例背景】

P 公司是儿童用品（尤其是鞋子、雨衣、泳衣、玩具等）批发商。该公司于 1998 年成立，位于德国西南部，因生产产品品质优良而成为知名品牌。P 公司的服装及玩具皆在德国设计，生产则外包给中国内地和香港地区的生产商。买方则是位于德国及其他西欧国家的网店、邮购公司及专卖店。

2009 年，P 公司与德国领先的保理商 E 公司签署国内及出口保理合同。自那以后，P 公司得以稳定地扩大其客户群并增加其业务量。为了减少资金占用，P 公司希望与亚洲供应商之间采用更为灵活的结算方式。该公司之前的结算方式一直是 50% 的预付款，剩下的款项采用赊销方式，付款期限为 30～60 天。为了优化其现金流，P 公司希望全部应付账款均采用赊销，账期 120 天。

由于 P 公司信用状况良好，E 保理商给予了该公司充分的授信额度，并由信用保险作为支持，经与其亚洲主要供应商沟通后，两个最大的生产商表示对出口双保理模式感兴趣。E 保理商于是与两个富有经验的 FCI 保理商联系，将供应商名单及业务细节告知这两个保理商。

经过内部资信调查及与供应商的成功磋商，出口保理商与供应商签署了保理合同。凭借 E 保理商向出口保理商确认的 100% 的信用风险保障，即 P 公司将在到期日全额支付出口商应收账款，发票转让给保理商时，出口保理商可向供应商提供95%的融资。

【案例分析】

国际保理业务中，一般采用由出口保理商主动寻找目标供应商营销的方式。但是，对于合作良好或者希望增加保理业务合作机会的进口保理商而言，可以采取通过主动向出口保理商推荐其大买家的供应商的方式，帮助进口商、出口商及保理商自己达到预期目的。

例如，在上述案例中，P 公司与中国内地和香港地区生产商自 2012 年开始该交易并延续至今，通过反向保理业务达到多赢局面：

（1）进口商 P 公司延长了付款期限。

（2）中国内地和香港地区的出口商收到了应收账款即时的融资便利及全部的风险信用担保，与 P 公司的销售额进一步增长。

（3）由于其他国家 FCI 成员的支持，出口保理商得以在其与供应商的保理合同中包括更多的国外买方。

（4）E 保理商在此期间收到 P 公司的请求，要求将中国及马来西亚更多的供应商加入反向营销项目。

案例八　保理池融资案例

【案例背景】

A 公司是一家知名的供应链管理服务商，其主营业务之一是向供应商采购商品后销售给下游商超类客户，并负责根据客户需求将货物配送至每个超市卖场。A 公司和多家大型超市保持长期供货关系，产品范围覆盖食品、日用百货、IT 产品等几十个品种。随着业务的不断发展，应收账款越来越成为制约 A 公司发展的"瓶颈"。但是由于 A 公司每月产生的应收账款近千笔，而且发票金额小，期限长短不一，因此多家银行在庞大而琐碎的应收账款面前都望而却步。C 银行在了解 A 公司业务模式后，结合客户自身情况设计了应收账款保理池融资业务方案，从而解决了 A 公司应收账款多，操作繁琐而导致的融资难问题。

【案例分析】

应收账款保理池融资业务是相对应收账款单笔融资而言，池融资业务不根据单笔发票金额及期限设定融资金额及期限，卖方将特定买方或全部买方的应收账款转让给银行，由银行以应收账款余额为基础为卖方提供融资及应收账款管理。

因此，在池融资模式下，虽然单笔发票的融资期限仍与发票的赊销期一致，但是单笔发票到期买方付款后，该笔发票不再作为计算可融资金额的基础，客户能够从银行获得的最高可融资金额也就随之减少，这时客户可选择提交新的发票用于保持融资最高额不变也可以选择归还相应融资。银行通过实时监控应收账款池余额的变化情况，只要融资余额没有超过融资最高额，客户就可以继续持有融资。与传统的应收账款单笔融资业务相比，池融资有以下优势。

1. 积少成多按需提款

企业将零散、小额的应收账款全部转让银行，形成应收账款池。

银行以企业合格应收账款转让为池水的流入，以买方对应收账款的付款或应收账款到期为池水的流出。合格应收账款转让得越多，池水就越多，企业可以获得的融资也就越多。在上述案例中，银行将 A 公司笔数众多的小额应收账款归集到一起，汇聚成池，根据池中水位确定最高融资金额，企业在最高可融资金额内可根据自己的资金需求随时提款。

2. 手续简单安排灵活

在单笔融资业务中，银行受让单笔发票并发放融资；买方到期付款后，银行收回融资本金及利息。对于像 A 公司这样应收账款发生频繁，且赊销期较短的情况，如果采用单笔融资模式，频繁的"融资—还款"操作，一是会给企业和银行业务人员带来巨大的业务处理压力；二是企业也不能获得较为稳定的融资。在池融资业务中，池内的任意一笔发票买方正常付款后，客户可选择继续提交发票保持融资或归还融资，增加了客户对资金安排的灵活性。因此，在上述案例中，银行通过对逐笔合格应收账款转让和买方到期付款的精细化管理，助力企业资金的"池"续流动。

案例九　出口信保融资业务案例

【案例背景】

N 公司成立于 2005 年，主要从事家电出口业务，中国出口信用保险公司（以下简称中信保）为其美国进口商 A 核定 100 万美元买方额度。N 公司于 2012 年与保理银行签订《出口保理协议书》，融资额度为 100 万美元，融资比例不超过中信保承保金额的 80%。其后，N 公司向保理银行申请办理信保融资业务并提交《短期出口信用保险承保情况通知书》、《保费计算书》、订单、发票、装箱单、提单、报关单等单据。保理银行累计发放保理融资 15 笔，累计放款金额 35 万美元。

在过程管理中，保理银行发现进口商 A 的回款存在疑点。虽然该回款金额与转让发票金额完全一致，回款时间与应收账款期限基本一致，回款账户也为保理银行指定的保理专户，但是实际付款方与合同买方完全不符。

N 公司解释称因涉及转口贸易，实际付款方为合同买方的子公司。就此，保理银行及时与中信保取得联系并要求中信保对付款人资信进行调查。中信保对付款方的调查报告内容未能查明付款人为进口商的子公司。鉴于此，保理银行于 2013 年暂停了 N 公司的信保融资业务。此后不久，N 公司实际控制人失踪，且此后再未收到境外回款。鉴于此，保理银行向中信保发出《可能损失通知书》，并正式向中信保提出索赔。

中信保海外追偿结论为：进口商否认与 N 公司有贸易关系，其签章系伪造。同时，因 N 公司出口货物由货运代理商代理提货，对方拒绝提供收货人情况，无法调查到货物现状。即使查到了货物的下落，亦无法行使追索权。中信保的赔付结论为：现有调查结果显示，买方否认与被保险人存在贸易关系，否认对被保险人负有债务，故在被保险人对买方采取包括但不限于诉讼或仲裁等方式确立无争议的销售合同债权之前，我公司无法承担赔偿责任。

【案例分析】

在接触信保融资业务之前，"信用保险"对于大多数人来说是一个陌生的概念。即使在银行内部，也有很多人容易对"信保融资"与"信用保险"的关系产生误解，认为企业投保"信用保险"的目的在于获取"信保融资"，或是认为"信用保险"保障的是银行收回"信保融资"的风险。

近年来，个别银行从业人员在叙做信保融资业务过程中，对信保融资的风险特征理解不清，产生以下两种典型的误解：

误解1：信保融资是低风险业务，银行可放松对客户的准入审核和贷后管理，如果融资发生风险，保险公司会进行赔付。

这种观点错误地扩大了信用保险的保障范围。信用保险承保的买方信用风险仅仅是针对卖方收回赊销款项而言的，并不是针对银行收回保理融资。但是对于叙做信保融资的银行来说，买方信用风险并不是唯一的风险，还可能发生卖方虚构贸易背景骗贷的风险，或是买方正常付款后卖方将其挪用、未用于偿还银行融资的风险，这些风险是产生于卖方与银行的契约关系之上的道德风险，因此银行必须通过自身的风险管理体系，对卖方的信用和履约能力，包括贸易背景真实性和回款挪用的动机等加以甄别、筛选和管理。

误解2：信保融资是高风险业务，因为保险条款中有很多陷阱，所以信保融资比流贷或单保理业务风险更高。

这种误解可以说与第一种误解是硬币的正反面，一些银行从业人员由于发展业务之初错持第一种观点，忽略了银行自身的审查职责导致不良发生，便将责任归咎于信用保险。客观地分析，在保理业务中，通常卖方是银行的授信客户，银行对卖方的财务经营情况较为了解，但买方则可能并不是银行的客户，在出口保理业务中买方甚至与银行不在同一国家，对于买方的信用风险，银行是处于信息不对称的情境的。因此，在贸易背景真实的前提下，通过投保信用保险，利用保险公司的专业能力和信息网络，为买方核定信用限额并承担限额内的买方信用风险，可以帮助银行规避自己不熟悉的风险，专注于对自己所熟悉的卖方风险进行管理，这种结构安排是有其显著的优越性的。

综上所述，在发展信保融资业务的过程中，银行需要正确认识信保融资业务的风险特征，明确银行的分工职责，并相应地建立客户准入、背景审核、流程操作的全面管理体系，不可因噎废食。近年来，由于误解产品特征而造成的或激进或保守的偏见，给信保融资业务的发展笼罩了一层迷雾。但是，在企业日益重视财务精细化管理的今天，信保融资作为一款可以为企业提供应收账款融资、买方信用管理、财务报表优化（无追索权业务）等多重助益的贸易融资产品，将有广阔的市场空间。

案例十　国内信保融资案例

【案例背景】

A 公司向保理银行申请办理国内信保融资业务，买方为 B 物流公司，由平安保险承保。国内信保融资业务到期后，买家未按约定付款，保理银行向保险公司索赔。但是，保险公司经过调查后认定 A、B 公司为关联公司，因此，以存在关联交易为由拒绝理赔。保理银行只能向 A 公司或 B 公司追索，而此时，A、B 公司已经陷入重重债务，偿债能力低。

【案例分析】

企业关联方之间容易出现转移利润和资产、占用资金、连环担保、非正常价格交易等不正当关联交易，既侵犯投资者权益，又隐藏了企业经营的真实状态。因此，即便贸易背景真实，保险公司也将关联交易排除在保险事故的范围之外。如中国出口信用保险公司《短期出口信用保险综合保险条款》第三条规定："除非本保单另有规定，保险人对下列损失不承担赔偿责任：……被保险人向其关联公司出口，由于商业风险引起的损失"；中国平安财产保险股份有限公司《平安国内贸易信用保险条款》第四条规定"因下列合同导致被保险人的损失，保险人不负赔偿责任：被保险人与其关联企业或一般消费者签订的销售合同……"

《公司法》第二百一十七条对关联方和关联交易做了界定："关联关系，是指公司控股股东、实际控制人、董事、监事、高级管理人员与其直接或者间接控制的企业之间的关系，以及可能导致公司利益转移的其他关系"；《企业会计准则第 36 号——关联方披露》第三条规定："两方或两方以上受同一方控制、共同控制或重大影响的，构成关联方。重大影响，是指对一个企业的财务和经营政策有参与决策的权力"；《特别纳税调整实施办法（试行）》（国税发〔2009〕2 号）第九条，"一方半数以上的高级管理人员（包括董事会成员和经理）同时担任另一方的高级管理人员（包括董事会成员和经理），或者一方至少一名可以控制董事会的董事会高级成员同时担任另一方的董事会高级成员……一方的购买或销售活动主要由另一方控制的"，均构成企业间关联关系。

　　根据上述法律条款的定义，甄别关联交易必须要先明确关联人。《公司法》第二百一十七条中的定义足以概括关联人的范围，即公司内部人和与公司内部人有"关联关系"的人。对上市公司关联人的具体界定，可以参考证监会、证券业协会及沪深两个证券交易所发布的规则、准则等规范性文件。如《股票上市规则》就将上市公司的关联人分为关联法人和关联自然人两类，并按照控制程度、持股比例、特殊关系、影响时间等标准进行具体罗列。对于非上市公司，除了参照上市公司的规范性文件进行审核之外，应审核非上市公司客户信息，重点关注公司的法定代表人、大股东、董事、高管等人员，对公司主要合作方的规模、成立时间、合作年限、报价区间等市场信息保持敏感性，高效利用工商登记资料、税务信息、审计资料、金融机构贷款及担保情况、不动产登记及抵押登记信息等条件拓展关联交易的核查手段和措施。同时，保理银行也可要求保险公司在卖方投保前一并进行关联交易的审查，出具书面审查意见。

案例十一　租赁保理业务案例

【案例背景】

　　M公司为国内一家规模较大的汽车生产厂商，为进一步扩大销售，该公司出资成立了一家租赁公司 N 公司，N 公司主要从 M 公司购买汽车并向承租人提供融资租赁服务。承租人主要为企业法人，期限一般为六年。随着业务的不断扩大，N 公司账面形成了大量的应收租金款项，占用了公司的流动资金，在一定程度上阻碍了公司的进一步发展。在了解到 N 公司的上述情况后，T 银行向其推荐了应收租金保理产品。

【案例分析】

1. 直接融资租赁中出租人分期付款的原因

直接融资中出租人依据承租人要求向出卖人购买的租赁物通常是承租人日常经营使用的专业设备，其质量需要在经过一段时间、一定批次的试生产后才能确认，并且通常还会约定质保期。与之相对应，在每一期试生产合格后，出租人向出卖人支付一定比例的货款，同时在质保期结束后支付质保金，这是确保出卖人履行设备质量保证的一种合情合理的做法。即使不存在融资租赁，承租人直接向出卖人购买设备时，通常也会采用相同的分期付款方式。

2. 出租人分期付款情况下是否可以办理租赁保理

在出租人分期付款购买租赁物且租赁物货款尚未支付完毕的情况下，在直觉上可能使人认为出租人尚未履行完融资租赁项下的义务，须等出租人付清租赁物货款后才能办理租赁保理。事实上，这一看法不够全面。保理商能否向出租人提供租赁保理服务的基础应该在于出租人是否依法取得了租赁物的所有权。只要出租人依法取得了租赁物的所有权，出租人与承租人的租赁关系成立，继而应收租金成立，保理商就可以基于应收租金的转让向出租人发放保理融资。如果出租尚未取得租赁物的所有权，则融资租赁关系就没有成立，也就不存在办理保理的可能了。

由此可见，能否办理租赁保理业务的关键在于确定租赁物的权属，而租赁物权属的确认与货款的支付方式并不存在直接的相关关系。我国现行法律、行政法规及司法解释等规范性文件涉及确认融资租赁租赁物权属的主要包括《民法通则》、《合同法》、《物权法》等。例如《民法通则》第七十二条规定："财产所有权的取得，不得违反法律规定。按照合同或者其他合法方式取得财产的，财产所有权从财产交付时转移，法律另有规定或者当事人另有约定的除外。"《合同法》第一百三十三条规定："标的物的所有权自标的物交付时转移，但法律另有规定或当事人另有约定的除外。"《物权法》第二十三条规定："动产物权的设立和转让，自交付时发生效力，但法律另有规定的除外。"由此可见，租赁物的所有权通常应在交付时转移，法律或当事人另有规定的除外。具体而言，可按如下步骤进行审核，确认租赁物所有权是否已转移至出租人。

（1）审查出租人与出卖人签订的租赁物购买合同

直接融资租赁中的出卖人和承租人不是同一人，涉及的租赁物是由出租人直接向出卖人购买的新物，而不是向承租人购买的旧物，并且租赁物购买款一般是由出租人直接支付给出卖人的。新物从出卖人卖给出租人前，一般不存在所有权、抵押权等权属瑕疵，所以，确认直接融资中涉及的租赁物的所有权是否归出租人所有，主要是看出租人与出卖人签订的租赁物购买合同如何约定，关键是注意防止存在所有权保留条款，即防止出租人与出卖人签订的租赁物购买合同约定租赁物交付后出卖人因某种原因还继续保留对租赁物的所有权（例如约定在出租人付清货款前租赁物所有权依然归出卖人所有）。

（2）审查租赁物是否被交付

当出租人与出卖人签订的租赁物购买合同没有约定所有权转移的条件、方式和日期时，租赁物的所有权将依法从交付时起从出卖人转移至出租人。如果租赁物没有被实际交付，出租人就可能没有获得租赁物的所有权。因此应审查租赁物是否被交付给出租人，主要包括交付或移交证书等文件。

（3）对不动产和一些特殊动产，审查所有权登记

《物权法》第九条规定："不动产物权的设立、变更、转让和消灭，经依法登记，发生效力；未经登记，不发生效力，但法律另有规定的除外。"因此，对不动产租赁物，除审核租赁物购买合同、交付情况外，还应审查租赁物所有权登记，确保出租人取得不动产权属证书等确权文件。

此外，对船舶、航空器等特殊动产，法律要求其所有权应在港务监管机构和民航监管部门等进行登记，也应与不动产一样办理相应的所有权登记手续。只要按照上述要求对不同种类的租赁物进行了完善的确权处理，确保租赁物所有权已转移至出租人，那么无论出租人是否付清货款，为其办理租赁保理就不存在法律问题。

3. 分期付款情况下办理租赁保理的风险控制措施

尽管在出租人分期付款的情况下，只要出租人取得了租赁物的所有权，为其办理租赁保理业务在法律上就不存在问题，但保理商在向出租人发放保理融资时，如一次性针对全部应收租金发放融资，存在

一定的道德风险和信用风险。出租人在只支付了部分租赁物货款的情况下，一次性获得大于已支付货款的融资，实际是获得了额外的流动性支持，出租人可能将这额外的流动性用于高风险的投资。日后若出租人未按租赁物购买合同约定付清货款，虽然出卖人无权索回租赁物，但出卖人对出租人存在债权的请求，在出租人破产的情况下，可能会稀释保理商对出租人的债权。

出于控制风险的考虑，可以采用以下两种方式发放融资：

第一种方式是在出租人每期支付货款后，保理商向出租人发放与该期付款比例相匹配的保理融资。第二种方式是在出租人即将支付某一期货款前，保理商向其发放与该期付款比例相匹配的融资，并将融资直接支付至出卖人处。通过以上两种方式，可以提高银行融资的安全性，同时约束了出租人，确保其稳健经营。

案例十二　国内商业发票贴现案例

【案例背景】

A 公司是独资企业，主要经营范围是影像器材产品的制造和销售。公司成立后发展迅速，加上当时行业前景较好，保理银行根据企业的发展规划和经营重心的调整，与 A 公司建立了授信关系。A 公司于 2011 年 10 月在保理银行办理国内商业发票贴现业务。2011 年 11 月 11 日晚，借款人实际控制人酒后驾车，发生交通事故，当晚偷运部分财产后失踪，经多方联系未果。实际控制人失踪，对借款企业的生产经营造成重大影响，企业停产。保理银行去 A 公司的交易对手买方处核实时发现，A 公司办理国内商业发票贴现时的增值税发票已被其在融资后注销。保理银行国内商业发票贴现业务出现不良。

【案例分析】

随着国家对印刷版材制造业门槛的放开，众多中小型印刷版材制造商逐步兴起，行业竞争日趋激烈。人才的流动、客户的流失、价格大战对企业的研发、生产、销售、盈利等产生了一定影响。

为解决现金流问题，借款人的银行借款额度大幅度增加，在多家银行申请授信，银行总授信从 2010 年的 4000 余万元急速上升至 1.2 亿元人民币，同时还涉及民间借贷，随之而来的是财务成本的成倍增长，并日益成为企业生存与发展的沉重包袱。

保理银行在关注企业成长的同时，未能对企业所在行业做系统性分析，忽略了行业风险。

借款人实际控制人失踪是有计划、有预谋的行动，目的在于逃避履行偿还债务的义务。在保理银行发放国内商业发票贴现融资款项前，公司已资不抵债，生产陷入困境。保理银行在贸易融资发放前未对企业生产经营情况进行详细了解。A 公司在保理银行办理国内商业发票贴现业务的下游客户早已与 A 公司结清了所有业务关系，公司提供的增值税发票在融资后已被注销，而保理银行在发放贷款后未再次核查税票，未去企业了解借款人的履约情况，贷后管理做得不到位。保理商通过启动法律程序并向担保人商讨代偿等方式，最终从担保企业处获得了代偿。

案例十三　保理业务债权转让登记案例

【案例背景 】

2011 年，保理银行与 K 纺织公司签订国内保理业务合同及应收账款转让清单，约定 K 纺织公司将对 D 公司的应收账款债权 378 万余元及相关权利以 335 万元转让给保理银行，保理银行给予 K 公司 335 万元保理融资。同时约定，若 D 公司在保理融资到期日不能足额偿付应收账款，保理银行有向 K 公司追索的权利，也可以要求其对应收账款进行回购。保理银行在受让应收账款后，在人民银行设立的应收账款质押系统进行债权转让登记。2012 年 1 月 6 日，国内保理业务合同到期，保理银行因各方当事人未付款、承担合同义务，于 2012 年 1 月 29 日诉至法院，除了要求 D 公司支付应收账款债权本金及相应利益、要求担保人承担相应保证责任及抵押责任外，请求 K 公司在 335 万元本金及其利息范围内对 D 公司的债务承担回购责任。

【案例分析】

就应收账款在人民银行质押登记系统登记是否可以视同为《合同法》所规定的债权转让通知行为，法院裁决给予了否定的意见，不认可二者具有同等效力。法院认为，"央行登记系统系根据《物权法》等规范性法律文件，为应收账款质押登记而设。保理业务中债权转让登记无法律法规赋予其法律效力，仅为公示服务，故与应收账款质押登记不同，债权转让登记于央行登记系统不发生强制性排他对抗效力。另外，法律、司法解释或相关规范性法律文件未赋予任何形式的登记以债权转让通知的法律效力，因此，即便债权转让在央行登记系统中进行了登记，也不能免除《合同法》规定的债权转让通知义务"。

国内保理业务是基于国内销售的应收账款转让基础上办理，因此应收账款转让应适用《合同法》中关于债权转让的法律规定。在相关法律、司法解释或规范性法律文件对登记具有债权转让通知的法律效力未作明确规定的情况下，保理商不能仅仅认为在人民银行中登网"中征动产融资统一登记平台"进行了应收账款转让登记即可以不再另行做应收账款转让通知，保理商并未被因此免除债权转让通知债务人的法定义务。在债务人未收到明确债权转让通知的情况下，保理合同对债务人不发生效力。

案例十四　保理业务应收账款禁止转让案例

【案例背景】

W公司（卖方）与G公司（买方）于2002年签订了"一般采购协议"这一纲领性合同，该"一般采购协议"对于合同协议义务的转让作出约定："未经G公司同意前，不得转让"。

2006年，保理银行与W公司签订《有追索权国内保理业务协议》，约定在W公司将基础交易合同项下应收账款转让给保理银行的基础上，保理银行向W公司提供保理融资，并约定保理银行保留向W公司追索的权利。

W公司就其对G公司的应收账款债权与保理银行签订《保理协议》与《综合授信协议》，并向G公司签发了《应收账款债权转让通知书》。G公司根据W公司的要求将部分应收账款汇入W公司设在保理银行的监管账户。2008年，就逾期未付的应收账款200万余美元，银行诉请G公司偿还，并要求W公司依回购型保理条款约定承担补充清偿责任。G公司以其与W公司所签购销合同中约定的禁止转让条款进行抗辩。

【案例分析】

该案的争议是"应收账款转让"的效力问题，即在合同明确约定应收账款禁止转让的前提条件下，卖方的转让是否有效？买方未以书面形式表示同意转让，而是根据卖方指示将到期应收账款付至保理商监管账户的行为是否被视为同意转让？

多数国家的国内法不允许对供应商与债务人约定不得转让的应收账款的转让，即承认基础合同在禁止让与条款的效力。英国判例法确立的原则（Helstan案）是：不仅让与对债务人是无效的，债务人可以忽视该让与，而且让与完全无效。在受让人和让与人之间合同项下债权的所有权也并未转移。德国《民法典》明确允许合同规定禁止性让与条款。丹麦与意大利法律也明确承认这种禁止性条款的效力。

美国法院的司法实践中解释：约定不得转让的应收账款仍然可以有效转让，但转让人应负违约责任，向债务人支付违约损害赔偿。美国《统一商法典》第2-210条第3款规定：除非客观情况作出相反表示，禁止让与"合同"，应解释为仅仅禁止将让与人的履约义务向他人让与（Unless the circumstances indicate the contrary a prohibition of assignment of "the contract" is to be construed as barring only the delegation to the assignee of the assignor's performance）。因此，美国法中，约定不得转让的应收账款是可以转让的，合同项下应收账款的转让并不属于当事人禁止之列。

应收账款不可转让的立法或司法判例的共同点是：如债务人主动向保理商（受让人）支付，或债务人已形成对载有转让通知的发票进行支付的例行做法，那么债务人就被认为已放弃了其禁止让与的约定。此外，当事人固有不得转让有关债权的约定，可以于该有关债权成立时或者成立后作出，但必须于债权转让前作出。债权转让后而为禁止转让债权约定的，该约定无效。当事人可以约定禁止向任何人转让债权，也可以约定禁止向特定人或特定范围的人转让债权。

从中国法院的裁决来看，法院认为，债务人可就禁止让与的应收账款对保理商享有抗辩权，但债务人在实际履行中以明示行为表示同意转让的除外。法院指出：有追索权或回购型保理实质应为以债权质押的借贷契约。我国未加入《国际保理公约》，在涉外民商事司法实践中，《国际保理通则》作为国际惯例在我国适用。根据该通则规定，国内贸易基础合同双方所约定的禁止债权转让条款，不影响国际保理合同的效力。但对于国内贸易纠纷，我国法律、行政法规和规章对保理合同无明确规定。根据《合同法》第七十九条规定，债权人可以将合同的权利全部或者部分转让给第三人，但按照当事人约定不得转让的除外。本案中，G公司与W公司所签购销协议明确约定了禁止转让合同权益和义务的条款，符合《合同法》第七十九条规定的除外情形。银行作为保理商在与 W 公司签订《保理协议》与《综合授信协议》时，对保理所涉基础交易合同条款未尽审查注意义务，故 W 公司在未征得 G 公司同意下，将其对 G 公司应收账款擅自转让给银行，违反前述法律规定，即使债权人通知了债务人，对 G 公司亦不发生效力。因此，应依《合同法》第七十九条规定认定债务人虽就禁止让与的应收账款对保理商享有抗辩权，但债务人实际履行中以明示行为表示同意转让的除外。G 公司虽按 W 公司指示向银行监管账户支付了部分到期货款，但并不能以此认定 G 公司同意 W 公司将其对 G 公司的应收账款债权均转让给银行，该部分付款行为可视为部分接受债权转让。鉴于 G 公司与 W 公司已结算相应货款，本案所涉主债务是基于银行与 W 公司之间因《保理协议》与《综合授信协议》项下贸易融资业务而产生，且《保理协议》明确约定银行对贸易融资本息保留向 W 公司追索的权利，故本案主债务即保理融资款应由 W 公司向银行偿还。

办理保理业务时对交易背景的审查包括对合同条款的审查，鉴于保理是在应收账款转让前提条件下办理的，如果应收账款不能转让或转让无效，保理融资就存在巨大的法律风险和资金风险。由于我国法律、行政法规和规章对保理合同无明确规定，故在办理应收账款转让时应依据《合同法》第七十九条的规定。因此，保理商在办理保理业务前应仔细审查基础合同，对于合同中明确禁止让与的应收账款不应办理保理业务，否则，一旦发生纠纷，保理商将无法抗辩。如拟办理，应要求基础交易合同明确修改禁止应收账款转让的内容。

案例十五　暗保理业务保理合同效力案例

【案例背景】

2014 年 8 月 21 日，保理公司与 A 公司签订保理合同，约定由 A 公司向保理公司申请保理服务，经保理公司同意以应收账款债权转让方式，受让 A 公司对特定买方基于商务合同有权要求买方于应收账款到期日给付一定金钱之应收账款债权。保理公司在受让 A 公司应收账款债权的基础上，向 A 公司提供应收账款管理和保理融资服务。在受让的应收账款因任何原因不能收回时，保理公司有权向 A 公司追索。业务性质是有追索权回购型保理业务。双方选择隐蔽型保理（即暗保理），约定暂不将转让的事实通知买家，如到期 A 公司不溢价回购，保理公司再将转让的事实通知买方。

合同中约定了监管账户作为 A 公司转让给保理公司的应收账款归集账户。合同还约定了回购溢价部分金额为融资总额的年化利率 12%，从保理融资之日起算，全部溢价回购款为 1040 万元，到期约定一次性支付。

2014 年 8 月 26 日，保理公司与 A 公司在人民银行征信中心对约定转让的应收账款登记。

2014 年 9 月 2 日，保理公司按照合同约定向 A 公司支付了融资款项 1000 万元人民币，融资期限 4 个月。

2015 年 1 月 9 日（逾期 9 天），A 公司向保理公司支付了 540 万元的溢价回购款。2015 年 2 月 11 日，双方之间又签署补充协议，就未回购的 500 万元保理融资款项延长保理融资期限至 2015 年 7 月 1 日，并约定溢价回购金额为 550 万元。从保理融资款支付之日起，每满一个月的对应日一次性支付保理融资款的 2% 的溢价回购款（即人民币 10 万元），剩余全部溢价回购款到期时按约定一次性支付。同日，双方又签订了应收账款转让登记协议，并在人民银行征信中心对约定转让的应收债权进行了登记。

由于 A 公司未按照协议约定向保理公司支付每个月 10 万元的溢价回购款，保理公司提起诉讼，要求 A 公司支付溢价回购款人民币 1600 万元并提出支付违约金等其他要求。

【案例分析】

该案的争议是双方之间是否构成保理法律关系。法院认为：本案系商业保理、担保合同纠纷。保理是以应收账款转让为前提的综合性金融服务。本案原告保理公司作为一家经过批准的商业保理公司，与 A 公司签订了以转让应收账款为前提、提供融资服务的书面合同，符合保理合同的构成要件。双方在合同中约定采用隐蔽型保理方式，在应收账款转让的事实通知债务人前，债权的转让对债务人未生效，但并不影响原告与被告 A 公司之间转让债权的效力。因此，被告辩称双方签订的《保理业务合同》不构成保理法律关系，实质是借贷关系的意见不能成立。双方之间的保理合同合法有效，当事人均应当依约履行。

暗保理业务中，在隐蔽期内，保理商无法实现明保理业务中那样的应收账款回款监控、向债务人就应收账款真实性核实确认等风险防控措施，因此暗保理业务对卖方的资信状况、信用风险、应收账款历史记录、基础交易合同等的审查非常重要，同时，应对保理合同条款设计、授信风险缓释手段等方面高度重视。否则一旦出现融资风险，保理商虽然可以从隐蔽模式转为公开模式，但是，如果出现任何不利的情况，都将可能造成无法弥补的损失，例如基础合同约定禁止应收账款转让时，即使从隐蔽模式转为公开模式，债务人仍可就禁止让与的应收账款对保理商享有抗辩权。

案例十六　暗保理业务应收账款回款案例

【案例背景】

2012 年 3 月，H 公司与保理银行签订了有追索权国内保理合同，约定在应收账款转让基础上，保理银行向 H 公司提供最高 2900 万元的保理预付款。

2012 年 8 月，X 公司（买方）与 H 公司（卖方）签订了供销合同，购买价值约 1822.8 万元的石油制品，约定发票开具后 6 个月付款。当年 9 月，H 公司以此向保理银行申请保理融资，并采用隐蔽型保理模式。

2013 年 2 月 28 日，保理银行向 X 公司出具了落款时间为 2012 年 9 月 6 日的应收账款转让回执，X 公司必须支付到期的保理款。

2013 年 3 月 1 日，X 公司向保理银行支付了 1450 万元保理款后，法人代表叶某到公司未查询到该应收账款转让通知书回执盖章记录。

于是，X 公司到保理银行要求查看回执原件，之后认定回执系伪造，理由是回执上 X 公司法人印鉴不合理，其显示为原公司法人胡某印鉴，而 2012 年 4 月 X 公司已向开户行申请变更法人为叶某。3 月 7 日，X 公司以应收账款通知书回执系伪造为由向当地公安局报案。

3 月 11 日，X 公司向法院提起诉讼，诉请撤销上述 1450 万元付款行为。X 公司向法院提起申请对印章进行鉴定，结果显示，这份回执公章与 H 公司上一次（2012 年 3 月）办理保理业务的回执公章相同，X 公司的母公司 X 集团有限公司法务负责人称，3 月时 H 公司会计芮某过去盖了两张没有填写日期、也未签字的时任法人代表胡某的印鉴，除了上次办理保理使用外，剩余一张就被此次用来伪造。X 公司认为保理银行为了引导公司支付款项，伪造了应收账款转让通知回执，采用了欺诈手段，故向法院提起诉讼，要求：（1）撤销 X 公司 2013 年 3 月 1 日向保理银行的付款行为；（2）保理银行立即返还 X 公司 1450 万元。

【案例分析】

该案的争议焦点，一是保理银行作为本案诉讼主体是否适格，二是 X 公司是否自愿将款项支付至 H 公司的保理专户。

法院认为保理银行作为本案诉讼主体是适格的。但是，对于第二个争议焦点，法院认为：H 公司虽于 2012 年 9 月 7 日向 X 公司发出账号变更通知书，但该通知书上并未填写合同号及发票号，而 H 公司与 X 公司之间长期存在较多业务往来，在 2012 年 9 月前后亦有多笔业务发生，故 X 公司所称"其不清楚应将哪份合同项下货款支付至账号变更通知书上载明的账户"具有一定合理性。在 X 公司向 H 公司其他账户付款后，本案所涉2012年8月27日买卖合同项下货款已结清。按照常理，X公司并不需再次向H公司的保理专户支付该合同项下货款。但由于保理银行向X公司出示了其以前为其他业务曾出具的应收账款转让通知书回执，使其误以为H公司或保理银行曾向其发出了该合同项下债权已转让的通知，其负有向保理银行付款的法定义务。在此误解之下，X公司向保理银行指定的其拥有支配权的H公司的保理专户重新支付了该合同项下货款。《中华人民共和国民法通则》第五十九条规定，行为人对行为内容有重大误解的，有权请求人民法院撤销该民事行为。本案中，X公司的重复付款行为系基于受到保理银行出示的不真实文件的误导，该付款行为并非其真实意思表示，X公司有权要求撤销该付款行为。

该案是隐蔽型保理（暗保理）业务法律风险的一个典型司法案例。在办理暗保理伊始到买方到期日付款之前可能出现诸多变数，例如上述案例中保理银行尽管自认为已经采取了足够的风险缓释措施，例如本案中事先要求H公司提供留有X公司印章的应收账款转让通知书回执，但是由于出现法人变更后随之带来的印鉴变更，该份文件在出现纠纷、暗保理转明保理后反而成为不利的证据。作为保理商，不但应在保理业务中加强风险防控，在充分评估风险的前提下谨慎办理暗保理业务，还应坚持善意行事原则，否则将无法获得法律上的保护。

附录一　FCI 手册双保理协议参考模板

FCI INTERFACTOR AGREEMENT

(Version June 2002)

AGREEMENT made this _____ day of _____ , 20 ____

by and between _____

and _____

<u>W I T N E S S E T H :</u>

WHEREAS, _____ and _____ will from time to time engage the services of the other to act as Import Factor with respect to sale of goods or rendering of services to debtors located in the country(ies) where the Import Factor's services are to be performed;

NOW, THEREFORE, in consideration of the mutual agreements herein contained, it is hereby agreed between the parties as follows:

1. Each of the parties hereby subscribes to and agrees to be bound by all of the terms and provisions of the General Rules for International Factoring

("GRIF"), the edifactoring. com Rules and the Rules of Arbitration, all promulgated by the Factors Chain International as formally revised from time to time, subject to the following modifications:

_____

_____

_____

_____

2. The services to be performed by _____ or _____ as Import Factor shall be rendered with respect to sellers designated by the parties from time to time and at such commission rates or other compensation as may be mutually agreed upon with respect to each seller.

3. Neither of the parties shall be obliged to engage the services of the other exclusively but each party shall be free to engage the services of any other factoring organisations located in the country (ies) where the parties perform factoring services.

4. This Agreement shall take effect as of the date set out above and shall continue indefinitely, subject to termination by either party on 60 days' prior written notice to the other but such termination shall not apply to, modify or otherwise affect the obligations of the parties hereunder or under the GRIF, the edifactoring. com Rules and the Rules of Arbitration with respect to transactions occurring, accounts receivable transferred or indebtedness incurred prior to the effective date of such termination.

Except in relation to assignments of receivables made before 1 July 2002, this Agreement contains all the matters agreed between the parties in relation to the receivables included by Article 3 of the GRIF and all agreements, warranties, representations and other statements made by the Import Factor or the Export Factor to the other before the making of this Agreement and the reliance on any usages or practices are excluded.

IN WITNESS WHEREOF, the parties hereto have caused this instrument to be executed by their respective corporate officers thereunto duly authorised as of the day and year first above written.

By _____

Title:

By _____

Title:

附录二　FCI 手册补充协议参考模板

一、隐蔽型跨境保理业务补充协议参考模板

（供有意于与 FCI 进口保理商合作为卖方提供隐蔽型跨境保理服务的保理商参考）

SUPPLEMENTAL AGREEMENT
FOR NON – NOTIFICATION CROSS – BORDER FACTORING
(version June 2009)

IT IS AGREED BETWEEN "XYZ" (as Export Factor)* and "ABC" (as Import Factor)* that for the sole purpose of conducting Non – Notification Cross Border Factoring between the parties various terms and provisions of the of the General Rules for International Factoring ("GRIF") are to be varied in the following way:

1. This Agreement (which incorporates all the terms and provisions contained in Schedule I attached hereto) shall take effect as of the date set out below and shall continue indefinitely, subject to termination on the expiry

of 60 days' prior written notice given by either party to the other but such termination shall not apply to, modify or otherwise affect the obligations of the parties hereunder or under the GRIF, the edifactoring. com Rules and the Rules of Arbitration with respect to transactions occurring, receivables transferred or indebtedness incurred prior to the effective date of such termination.

2. Article 2　The Import Factor shall be described as: the party which agrees to take over the collection of the receivables (invoiced by the seller and assigned to the Export Factor) after an agreed period of collection activity by the seller, and who, subject to the GRIF, is bound to pay such receivables assigned to him for which he has assumed the credit risk.

3. Article 17　The following to be inserted in paragraph (iii) as a second sentence: The Import Factor is not permitted to contact the debtor except as provided in this Agreement and the Export Factor must clearly state on each request "Debtor Contact Not Permitted".

4. Articles 21 and 22　The provisions of these articles shall become effective in respect of any receivable only after notification of the assignment of that receivable to the Import Factor has been received by the debtor in accordance with this agreement.

5. Article 24　Paragraph (ii) of this article is to be replaced by the following: to the extent that any such receivable shall not be paid by or on behalf of the debtor by the 90th day after notification of assignment to the Import Factor has been received by the debtor, the Import Factor shall on

such 90th day make payment to the Export Factor ("payment under guarantee") .

＊ Delete all words in bracket if it is intended to exchange business in both directions.

6. Article 27　Paragraph (ii) of this article is to be replaced by the following: If at any time the seller or Export Factor become aware of any dispute the Export Factor must immediately notify the Import Factor. The Export factor shall provide the Import Factor with further information regarding the dispute within 60 days of such notification.

7. Article 28　Paragraph (i) c) of this article is to be replaced by the following: Notice of assignment when given at the time stipulated in this Supplemental Agreement is to be in the form prescribed by the Import Factor.

8. Article 12　The following is to be inserted as a new sentence at the end of paragraph (ii) of this article: Such rights apply only after notification of the assignment has been received by the debtor.

9. Validity of the Assignment and timing of notification:

The heading of Article 13 shall be "Validity of assignment, time of notice and rights of the Import Factor" and paragraphs (iv) and (v) of this article shall be replaced by the following four paragraphs:

(iv) If at any time after the giving of notice of the assignment to the debtor the assignment needs a confirmation in writing in order to be valid and enforceable, at the request of the Import Factor the Export Factor must provide such documentation and/or confirmation in the prescribed way. If the

Export Factor shall fail to provide such documentation or confirmation in relation to that receivable within 30 days of the receipt of the Import Factor's request, then the Import Factor may reassign such receivable.

(ⅴ) If the debtor fails to pay a receivable within 30 days after its due date, or upon the start of the official insolvency of the debtor (if earlier), the Export Factor should, not later than the first business day after the 30th day after that due date, or the start of such insolvency (as the case may be), instruct the Import Factor to give notice of the assignment to the debtor of all receivables then outstanding from that debtor. Failure of the Export Factor to do so will result in the Import Factor automatically coming off risk for the whole account.

(ⅵ) Should a debtor owing an approved receivable become officially insolvent at any time, the Import Factor is entitled to notify the debtor immediately of the assignment of all receivables then outstanding from that debtor.

(ⅶ) Should the Import Factor cancel the order approval or the credit line on a debtor due to adverse information, the Export Factor is allowed 2 business days to decide whether to instruct the Import Factor to notify the debtor of the assignment or to ask the Import Factor to reassign the receivable.

10. In all other respects all the provisions as set out in the GRIF shall apply.

11. This agreement is supplemental to the Interfactor Agreement made between (XYZ) and (ABC), dated (day – month – year).

IN WITNESS WHEREOF, the parties hereto have caused this instrument to be executed by their respective corporate officers thereunto duly authorised as of the day and year first written below.

Dated (day – month – year)

Name: Factor "XYZ"

By _____

Title _____

Name: Factor "ABC"

By _____

Title _____

SCHEDULE I

Specific Requirements:

(This section should be used for the parties to stipulate any specific requirements relating to the following):

• If this agreement applies to a specific seller and/or debtor account, state their name (s).

• Collection Procedures (frequency and method) undertaken by the Seller or the Export Factor prior to Notification to the debtor of the assignment to the Import Factor.

- Power of Attorney – wording required to satisfy legal system in Import Factor's country.

- Assignment（wording of notice of assignment and procedures for notification）.

- Procedures required for the purpose of Credit Insurance provided to the Import Factor.

- The number of days after due date when notification of assignment must take place as specified in Article 13（v）（e. g. 30 days）.

- Specific legal requirements of the Import Factor.

二、订单管理补充协议参考模板

（供有意于与 FCI 进口保理商合作为卖方提供订单管理服务的保理商参考）

SUPPLEMENTAL AGREEMENT
FOR PURCHASE ORDER MANAGEMENT（POM）
（Version June 2013）

IT IS AGREED BETWEEN "*XYZ*"（*as Export Factor*）* and "*ABC*" (*as Import Factor*)* that for the sole purpose of conducting Purchase Order Management services between the parties, and unless inconsistent with the provisions herein, the various terms and provisions of the General Rules for International Factoring（"GRIF"）are to be incorporated into this Supplemental Agreement:

1. This Agreement shall take effect as of the date set out below and shall

continue indefinitely, subject to termination on the expiry of 60 days' prior written notice given by either party to the other but such termination shall not apply to, modify or otherwise affect the obligations of the parties hereunder or under the GRIF, the edifactoring. com Rules, the Rules of Arbitration and the Interfactor Agreement to which this Agreement is supplemental with respect to transactions occurring, receivables transferred or indebtedness incurred prior to the effective date of such termination.

2. At the request of the Export Factor, and confirmed in edifactoring message 56, the Import Factor will provide services relating to that transaction including credit coverage, for the period prior to the shipment of goods to that buyer which period shall not exceed that specified in that message ("Purchase Order Approval Amount") .

3. The Purchase Order Approval Amount will apply to any written purchase orders ("Purchase Order") that are subsequently notified to the Import Factor via edifactoring message 59, which should specify the purchase order number in each notification. The Purchase Order Approval Amount sets the maximum balance covered for pre shipment risk. It is a component part of the credit line, takes up allowance within that credit line, and can therefore never exceed the credit line.

4. The Purchase Order Approval Amount is a revolving approval of purchase orders for a buyer with one supplier up to the maximum amount specified. Revolving means that, while the Purchase Order Approval Amount remains in force, purchase orders in excess of the line will succeed amounts

within the line which convert in time into receivables and may be covered via the credit line under provisions within the GRIF. The succession of such purchase orders shall take place in the order in which they are due to be completed. Where 2 or more purchase orders are due for completion on the same date then their succession shall take place in accordance with the sequence of their respective purchase order numbers. 5. For the avoidance of doubt receivables always take precedence over purchase orders within the credit line in general and also in terms of succession under this and Article 17 of the GRIF.

5. This Purchase Order Approval Amount shall not cover any buyer cancellation of the purchase order.

6. The Import Factor shall be entitled to charge a supplementary commission as agreed and confirmed with the Export Factor.

7. For the purposes of this Agreement the definition of a receivable as stated in the GRIF is extended to include any amount payable to the supplier under any contract for the sale of goods or the provision of services whether or not performed. It is agreed between the parties that the Export Factor assigns and/or transfers to the Import Factor all rights, title and interest, but not any obligation in each purchase order approved by the Import Factor and any subsequent account receivable deriving therefrom, or if this is not legally possible the Export Factor agrees to assign and/or transfer such rights, title and interest in the account receivable to the Import Factor as soon as it comes into existence.

8. The Import Factor is entitled to receive details of and or a copy of any Purchase Order and any documentation relating to the Purchase Order assigned to him without undue delay and in any event within the following time periods:

(a) 10 days from the receipt of the request, an exact copy of the Purchase Order;

(b) 30 days from the receipt of that request any other documentation relating to that Purchase Order and reasonably required in order to assess the conditions under which the approval has been made.

9. If the Export Factor:

(a) does not provide the documents referred to in Article 9 of this Agreement; or

(b) fails to provide a reason for that delay and a request for further time, both acceptable to the Import Factor; within the prescribed time limits, then the Import Factor shall be entitled to cancel the approval as against that specific Purchase Order and reassign and or transfer it back to the Export Factor with all rights and interests to it.

(c) The time limit for the Import Factor to be entitled to request these documents from the Export Factor shall not exceed 270 days from the date of the assumption of the risk by the Import Factor.

10. In the event that the buyer becomes insolvent prior to the shipment or provision of services the Import Factor will pay the Export Factor the lesser of:

（a）An agreed percentage of the aggregated outstanding Purchase Orders covered by the Purchase Order Approval Amount; or

（b）the suppliers' verifiable cost of production or acquisition of the goods.

In any event these payments will be less any proceeds of sale of liquidation of the goods and in no event will exceed the Purchase Order Approval Amount. The Import Factor reserves the right to appoint a third party expert to verify the nature and amount of loss and the Export Factor will ensure that this expert is provided with all the information needed to perform the task.

11. For the purposes of Article 11 insolvency is defined as the earlier of either:

（a）When the buyer fails to pay all of the undisputed outstanding receivables to the supplier within 90 days of their due dates, to the extent that there are existing invoices already assigned to the Import Factor prior to the cancellation of the credit line or of the Purchase Order Approval Amount; or

（b）Insolvent as defined by the law of the buyers' country.

12. The Export Factor agrees to cause his supplier to use his best efforts to mitigate the Import Factor's loss.

13. When a credit line is cancelled by the Import Factor, the Purchase Order Approval Amount is also cancelled as a result, however, a Purchase Order Approval Amount can be cancelled or reduced independently without affecting the overall credit line.

In the event that the Import Factor cancels either the Purchase Order Approval Amount or the overall credit line, such cancellation will limit the cover to those purchase orders notified at the time of the cancellation to the extent that they were covered by the Purchase Order Approval Amount immediately prior to cancellation. In such cases the Import Factor can either:

(a) Insist that further work on the order cease including any delivery and meet the liability at that point according to Articles 11 and 12; or

(b) Insist that work continue on the order until its completion, in which case the subsequent invoice on the original debtor or another debtor mutually agreed upon by the Export Factor and the Import Factor will be approved to the extent that it would have been covered under the credit line immediately prior to the cancellation.

14. Payments under Article 11 will be made on the date calculated as being the date of the agreed completion of the purchase order, plus the agreed credit period for the resultant invoice, plus 90 days.

In all cases where a payment has been made by the Import Factor before the liquidation or the total liquidation of the goods has taken place then the Export Factor is obliged to reimburse the Import Factor without undue delay any amounts deriving from the proceeds of each sale, but in any event never exceeding the payment initially made by the Import Factor.

15. It is agreed between the parties that for the sole purpose of Purchase Order Management services the various terms and provisions of the General Rules for International Factoring ("GRIF") are to be varied in the following

way:

Article 1 "Protection against bad debts" is replaced by "Protection against bad debts and or the Insolvency of the Buyer"

Article 2 The parties taking part in two - factor international factoring transactions are:

(i) the supplier (also commonly referred to as client or seller), the party who invoices or will invoice for the supply of goods or the rendering of services;

(ii) the debtor (also commonly referred to as buyer or customer), the party who is or will become liable for payment of the receivables from the supply of goods or rendering of services;

(iii) (iv) remain applicable.

Article 3 Remains applicable

Article 4 Remains applicable

Article 5 Remains applicable

Article 6 Remains applicable

Article 7 Remains applicable

Article 8 Remains applicable

Article 9 Remains applicable

Article 10 Remains applicable

Article 11 Remains applicable

Article 12 For the purposes of this agreement Article 12 (i) & (ii) is replaced entirely by Article 8 of this Agreement. Article 12 (iii) remains applicable.

Article 13　Remains applicable

Article 14　For the purposes of this Agreement 14 Article is replaced by Articles 9 & 10 of this Agreement.

Article 15　（i）Any reassignment or transfer back of a Purchase Order under Article 10 of this Agreement must be made by the Import Factor no later than the 60th day after his first request for the relevant documents, or, if later, the 30th day after the end of any extended time granted by the Import Factor under Article 10 of this Agreement. Furthermore, the Import Factor shall be relieved of all obligations in respect of the reassigned or transferred Purchase Order and may recover from the Export Factor any amount paid by the Import Factor in respect of it.

（ii）Is not applicable.

（iii）Remains applicable.

（iv）Is not applicable.

（v）

Article 16　Article 16 is not applicable to this agreement.

Article 17　（i）Requests of the Export Factor to the Import Factor for the assumption of the credit risk, which may be for the approval of Purchase Orders, individual orders or of credit

lines, must be in writing and must contain all the necessary information to enable the Import Factor to appraise the credit risk and the normal payments terms.

（ⅱ）Remains applicable

（ⅲ）Remains applicable

（ⅳ）Is not applicable

（ⅴ）Is not applicable

（ⅵ）Is entirely replaced by Article 4 of this agreement

（ⅶ）Is not applicable

（ⅷ）The approval shall be given in the same currency as the request. However, the credit line covers receivables and Purchase Orders represented by invoices and Purchase Orders expressed not only in that currency, but also in other currencies; but in all cases the risk to the Import Factor shall not at any time exceed the amount of the original approval.

（ⅸ）There shall be only one credit line and one Purchase Order Approval Amount for each supplier on each debtor and any new credit line or Purchase Order Approval Amount shall cancel and replace all previous credit lines and Purchase Order Approval Amount for the same supplier on the same debtor in whatever currency denominated.

（ⅹ）Remains applicable

Article 18　（ⅰ）For good reason the Import Factor shall have the right to reduce or cancel the individual Purchase Order Approval Amount. Such cancellation or reduction must take place in writing or by telephone（to be confirmed in writing）. Upon receipt of such notice of cancellation or reduction the Export Factor shall immediately notify the supplier and such cancellation or reduction shall be effective as to Purchase Orders not yet assigned or transferred to the Import Factor. On or after the sending of any such notice of cancellation or reduction to the Export Factor, the Import Factor shall have the right to send such notice also direct to the supplier, but he shall inform the Export Factor of such an action. The Export Factor undertakes to give the Import Factor all assistance possible in such circumstances.

(ii) On the effective date of the termination of the contract between supplier and Export Factor all Purchase Order Approval Amounts are immediately cancelled without notice, but shall remain valid for any Purchase Orders already assigned or transferred to the Import Factor before such date of termination.

(iii) When the cancellation of the credit line is effective or the credit line has expired then:

(a) the right of succession of ceases in all cases and thereafter, except as provided in sub – paragraphs (b) and (c) of this paragraph, any payment or credit (other than a payment or credit in connection with a transaction excluded in Article 3 of the GRIF) may be applied by the Import Factor in satisfaction of approved receivables related to invoices in priority to unapproved receivables;

(b) is not applicable; and

(c) Is not applicable

Article 19   (i) Is not applicable.

(ii) Is not applicable.

（iii）When the Import Factor has approved a Purchase Order Approval Amount on a debtor and a Purchase Order coming from that Debtor has been assigned or transferred to the Import Factor, then all subsequent Purchase Orders from that debtor to that supplier must be assigned or transferred to the Import Factor, even when the Purchase Orders are only partly approved or not approved at all.

（vi）Is not applicable

Article 20　Is not applicable

Article 21　Is not applicable

Article 22　Is not applicable

Article 23　Is not applicable

Article 24　Article 24（i）（ii）（iii）and（iv）are replaced by Articles 11, 12 and 15 of this Agreement.

（v）If an approved Purchase Order is expressed in a currency other than that of the corresponding Purchase Order Approval Amount, in order to determine the approved amount that Purchase Order shall be converted to the currency of the Purchase Order Approval Amount at the rate of exchange（mid rate）quoted by XE. com（and used in edifactoring. com）at the date on which the payment under Article 12 of this agreement is due by the Import Factor. In all cases the risk of the Import Factor shall not exceed at any time the amount of the original approval.

Article 25　Is not applicable

Article 26　（i）Remains applicable

(ii) Except as provided in paragraph (iii) of this Article, if the Import Factor does not initiate a payment to the Export Factor according to the requirements of Articles 11 , 12 and 15 of this Agreement, the Import Factor shall:

(a) be liable to pay to the Export Factor interest calculated for each day from the date on which such payment shall be due until actual payment at twice the 3 − months − LIBOR as quoted on such due date in the relevant currency, provided that the accrued amount of interest exceeds EUR 50; and

(b) reimburse the Export Factor with the equivalent of any currency exchange loss suffered by him and caused by the delay in payment.

If there shall be no LIBOR quotation for the relevant currency, twice the lowest lending rate for such currency available to the Export Factor on such date shall apply.

(iii) Remains applicable

(iv) Remains applicable

Article 27   Is not applicable

Article 28   (i) The Export Factor warrants and represents for himself and on behalf of his supplier:

(a) that each Purchase Order represents an actual and bona fide Purchase Order of goods or provision of services to be made in the regular course of business and in conformity with the description of the supplier's business and terms of payment;

(b) Is not applicable

（c）Is not applicable

（d）that each one at the time of his assignment or transfer of the Purchase Order the Export Factor has the unconditional right to assign or transfer all rights and interest in and title to each Purchase Order free from claims of third parties;

（e）that he is factoring all the Purchase Orders related to transactions as defined in Article 3 of the GRIF of any one supplier to any one debtor for which the Import Factor has given approval; and

（f）Not applicable.

（ii）The Export Factor undertakes for himself and on behalf of his supplier:

（a）Is not applicable; and

（b）Remains applicable.

（iii）Remains applicable.

Article 29　Remains applicable

Article 30　Remains applicable

Article 31　Remains applicable

Article 32　（i）A substantial breach must be asserted within 365 days after the date of the assignment or transfer of the Purchase Order to which it relates.

（ii）If the Export Factor has substantially breached any provision of these Rules, the Import Factor shall not be required to make payment under Article 11 of this Agreement to the extent that the breach has seriously affected the Import Factor to his detriment in his appraisal of the credit risk. The burden of proof lies with the Import Factor. If the Import Factor has made payment under Article 11 of this Agreement the Import Factor shall be entitled to reimbursement of the amount paid, provided the Import Factor has established his right to reimbursement, to the satisfaction of the Export Factor, within 3 years from the date of assertion of the breach.

(iii) Not applicable

(iv) The Export Factor shall promptly reimburse the Import Factor under this Article; such payment shall include interest from date of payment according to Article 11 of this Agreement to date of reimbursement as calculated in accordance with Article 26 (ii) of the GRIF

(v) Remains applicable.

16. Upon shipment of the goods in accordance with article 17 (v) of the GRIF, the full provisions of the GRIF shall apply.

IN WITNESS WHEREOF, the parties hereto have caused this instrument to be executed by their respective corporate officers thereunto duly authorised as of the day and year first above written.

By _____

Title:

By _____

Title:

三、救济补充协议（对到期未付出口应收账款的额外催收服务）

（供有意于提供因卖方问题或买方问题造成的到期未付应收账款的催收救济服务的保理商参考）

（一）

Proxy Based Supplemental Agreement for RESCUE
[EXPORT FACTOR]

Date：＿＿＿＿＿＿＿＿＿＿＿＿＿＿＿＿＿＿＿＿＿

[IMPORT FACTOR]

＿＿＿＿＿＿＿＿＿＿＿＿＿＿＿＿＿＿＿＿＿＿＿＿＿

Re：　　　　　　　　RESCUE Agreement

Ladies and Gentlemen：

In connection with our joint membership in Factors Chain International ("FCI"), we hereby request that you act as our collection agent in accordance with the RESCUE procedures promulgated by FCI and this agreement. The provisions of Article 23 (relating to transfer of payments) and Article 31 (relating to indemnification) of the GRIF are hereby incorporated into and made part of this agreement.

It is our understanding and agreement that you will assist us in attempting to collect the export receivables listed on the attached schedule representing shipments made by our factored client (the " Claims") under the following terms and conditions:

1. You are hereby granted authority to proceed with all collection efforts you deem necessary, including referring any Claim to local collection agencies and attorneys. Lawsuits, however, will only be initiated with our prior authorization.

2. You are further authorized to enter into negotiations to settle or compromise the Claims provided no final settlement shall be made without our prior written consent.

3. We shall reimburse you for all costs and expenses incurred by you on a monthly basis provided they are itemized and accounted for. Such costs and expenses may be deducted from the first payments made by the debtor unless previously paid by us.

4. All communications between us relating to the Claims shall be conducted through editfactoring. com system.

5. To aid in your collection efforts, we have executed and deliver to you herewith, a limited power of attorney, authorizing you to act in our place and stead with respect to the collection of the Claims and shall, upon your request, assign any Claims to you for the purpose of collection, with full recourse to us. We shall also supply you with such other information and documentation as you may require from time to time.

6. For your services as a collection agent, you shall be entitled to collection fees as follows:

a. For each Claim listed on the attached schedule, ＿＿ percent of the gross amount thereof; and

b. ＿＿ percent of all amounts collected, whether such collections are paid directly to you, the undersigned or the supplier (the "Incentive Fee") .

7. We shall have the right to terminate this agreement at any time by giving you ten days prior written notice, provided, however, that you shall nevertheless be entitled to the fees referred to in the previous paragraph, including all Incentive Fees, on all collections of Claims made after termination and for a period of one year thereafter.

Please acknowledge your agreement to the foregoing by signing and returning a copy of this letter.

Very truly yours,
EXPORT FACTOR

Read and Agreed to:

IMPORT FACTOR

(二)

Assignment Based Supplemental Agreement for RESCUE
[EXPORT FACTOR]

Date:

[IMPORT FACTOR]

Re: <u>RESCUE Scheme</u>

Ladies and Gentlemen:

In connection with our joint membership in Factors Chain International ("FCI"), we hereby retain you to act as Import Factor with respect to the outstanding Receivables listed on Schedule A and those Receivables that we may assign to you in the future (the "Claims").

Our relationship shall be governed by the GRIF with the following modifications:

1. Notwithstanding anything to the contrary contained in the GRIF or in any communications between us, all Receivables assigned to you hereunder shall be for collection only, shall rank and be deemed unapproved by you and therefore at our sole risk.

2. Article 9 shall be deemed modified as follows:

"Article 9 Commission / Remuneration

(i) The Import Factor shall be entitled to commissions and/or charges as agreed with the Export Factor.

(ii) The agreed commissions and/or charges must be paid in accordance with those terms of payment in the agreed currencies. A party delaying payment shall incur interest and the equivalent of any exchange losses resulting from the delay in accordance with Article 26.

(iii) In case of a reassignment of a receivable the Import Factor has nevertheless the right to the commission or charges. "

3. Article 14 shall be modified as follows:

"Article 14 Validity of receivables

(i) The Import Factor must receive details of invoices and credit notes relating to any receivable assigned to him.

(ii) The Import Factor may require that the original documents evidencing title, including the negotiable shipping documents and/or insurance certificate, are forwarded through him.

(iii) At the request of the Import Factor and if then needed for the collection of a receivable the Export Factor must promptly provide any or all of the following as proof and in any event within the following time periods:

(a) 10 days from the receipt of the request, an exact copy of the invoice issued to the debtor;

(b) 30 days from the receipt of that request:

(1) evidence of shipment;

(2) evidence of fulfilment of the contract of sale and/or services where applicable;

(3) any other documents requested by the Import Factor.

(iv) Not Applicable.

(v) Not Applicable. "

4. Paragraph (iii) (b) of Article 20 shall be modified as follows:

" (iii) If the Import Factor:

(a) is unable to obtain judgment in respect of any receivable assigned to him in the courts of the debtor's country by reason only of a term relating to jurisdiction in the contract of sale between the supplier and the debtor which gave rise to that receivable; and

(b) informs the Export Factor of that inability within 365 days of the date of the assignment to him of the invoice representing that receivable;

then the Import Factor may immediately reassign that receivable and recover from the Export Factor any amount paid in respect of it under paragraph (ii) of Article 24. "

5. Paragraph (iv) (a) (ii) of Article 23 shall be modified as follows:

"(iv) The Export Factor shall repay to the Import Factor on his demand:

(a) any payment made by him to the Export Factor if the debtor's payment to the Import Factor was made by a payment instrument subsequently dishonoured (cheque or equivalent) provided that:

(i) the Import Factor notified the Export Factor of this possibility with the payment advice (payment under reserve); and

(ii) the Import Factor's demand has been made within 30 days from the date of his transfer of the funds to the Export Factor; and

(iii) repayments demanded by the Import Factor will not affect his other obligations. "

6. Paragraph (viii) of Article 27 shall be modified as follows:

"(viii) In all cases, the costs related to the dispute will be the responsibility of the Export Factor. "

7. Paragraph (i) (c) of Article 28 is modified as follows:

"(i) (c) that the original invoice bears notice that the receivable to which it relates has been assigned and is payable only to the Import Factor as its owner or that such notice has been given otherwise in writing, any such notice of assignment being in the form prescribed by the Import Factor. ''

Either of us shall have the right to terminate this agreement at any time by giving you ten days prior written notice, provided, however, that you shall nevertheless be entitled to the agreed upon fees, on all collections of Claims made after termination and for a period of one year thereafter.

Please acknowledge your agreement to the foregoing by signing and returning a copy of this letter.

Very truly yours,

EXPORT FACTOR

Read and Agreed to:

IMPORT FACTOR

参考文献

［1］（美国）外贸银行业协会（BAFT）、欧洲银行协会（EBA）、国际保理商联合会（FCI）、国际商会（ICC）、国际贸易和福费廷协会（ITFA）：《供应链金融技术的标准定义》，2016。

［2］朱宏文：《国际保理法律与实务》，中国方正出版社，2001。

［3］弗瑞迪．萨林格著，刘园、叶志壮译：《保理法律与实务》，对外经济贸易大学出版社，1995。

［4］房绍坤等著：《民商法原理（三）》，中国人民大学出版社，1999。

［5］赵永军：《保理业务基本分类辨析》，载《中国商业保理》，2013（1）。

［6］夏芳：《应收账款增长下商业保理的发展》，载《中国市场》，2012（22）。

［7］田彤：《如何做好保理业务主要法律风险防控》，载《金融经济》，2014（11）。

［8］李菁：《保理业务融资中及融资后管理实务》，全国保理业务水平考试培训（第十期）教材。

〔9〕中国银行业协会保理专业委员会：《银行保理业务理论与实务》，中国金融出版社，2013。

〔10〕李书文：《商业保理理论与实务》，民主法制出版社，2014。

〔11〕秦国勇：《商业保理操作实务》，法律出版社，2013。

〔12〕中国银行业协会保理专业委员会：《中国保理产业发展报告（2014）》，中国金融出版社，2015。

〔13〕中国银行业协会保理专业委员会：《中国保理产业发展报告（2015）》，中国金融出版社，2016。

〔14〕商务部国际贸易经济合作研究院、中国服务贸易协会商业保理专业委员会：《中国商业保理行业发展报告（2014 年)》。

〔15〕商务部国际贸易经济合作研究院、中国服务贸易协会商业保理专业委员会：《中国商业保理行业发展报告（2015 年)》。

〔16〕保理商联合会（FCI）：《国际保理通用规则》（GRIF）（2013）。

〔17〕《国内保理纠纷相关审判实务问题研究》，江苏省高级人民法院民二庭课题组（课题组成员：夏正芳、朱亚男、邹宇、孔萍、李荐、王国亮、张俊勇。执笔人：夏正芳、李荐），载《法律适用》，2015（10）。

〔18〕Norbert Horn, The Law of International Trade Finance, Kluwer Law and Taxation Publishers, 1988.

〔19〕FCI 网站：www. fci. nl.

〔20〕FCI Legal Manual（2012）.

〔21〕FCI Intermediate_ Course_ Study_ Material（2012）.

〔22〕"POM" Practical Guide（2012），FCI.

后 记

　　历时八个月的努力，这本书终于成稿，即将付梓，真是感慨万分。最早是在 2016 年 5 月，我萌生了写这本书的想法，当时我关注到随着政策环境日趋宽松以及实体经济的需求日益迫切，中国商业保理行业正在迎来黄金发展期，在这关键时刻，必须及时地对行业发展现状、发展规律、国际惯例等进行全面梳理，帮助中国商业保理行业抓住历史机遇。中国作为全球最大的保理市场，应践行最佳保理实务，让市场在快速发展的同时走向正轨、走向国际，更好地响应中央号召为实体经济服务。我的想法得到了中国人民大学重阳金融研究院执行院长王文的大力支持，他立刻为我选派了一位研究助理艾文卫博士，她以我的演讲内容为基础，补充她参加保理业务培训所获得的最新讯息和资料，形成本书雏形。但我担心，自己虽然一直关注着保理行业的发展，但还是缺乏在第一线的操作和管理实践，这时刘畅、姜煦和徐珺也先后加入课题组，使本书的实用性、专业性得到了进一步保障。这里不得不提一下，由于课题组成员分布于北京、南京、台北三地，我们平时主要通过微信保持联系、开展讨论，幸而大家都有共同的信念和志趣，积极性很高，尽管讨论都在假期和深夜进行，但大家都努力做到及时反馈，达成高效沟通，这是非常不容易的。经过八个月的准备、写作、修改、讨论、再修改，最终形成了这本书。

在本书完稿之际，我还有几点特别想说的话：

第一，中国保理市场发展迅速，已经成为全球规模最大的市场，在体量做到第一的同时还应争取做到最好。

1. 中国的市场实在发展得太快。截至 2015 年底，全国共有 2514 家登记在册的商业保理公司，注册资金规模已达 2000 多亿元，业务量 2000 多亿元人民币，而预计到 2016 年年底，全国累计将有 5000 家保理公司注册（这里有相当一部分水军，可喜的是，亦有部分异军突起），业务量将达到 4000 亿元人民币。

2. 商业保理行业在自律方面也在提升。在商业保理专业委员会的领导下制定并颁布了《国内商业保理合同（示范文本）》和《商业保理业务风险管理操作指引》等合规文件，并进行了相关培训；全国保理业务水平考试（NFCC）也在有条不紊地推进；各地保理商协会建立了联席会议制度；前海推出了商业保理产业基金和产业基地；一些优质的商业保理公司正在开展和准备开展国际双保理业务，有的还加入了国际保理商联合会（FCI）。我高兴地看到，在 FCI 的会议上，中国的代表占到了 15% 左右，这与在 ICC 银行委员会的情况基本相当。这些专业组织的会议，都是讨论制定规则的务实的工作会，而不是博览会，会议的组织者也不希望参会人员过多，以减少办会者的负担。所以，参会者要抓住机会表达诉求，同时，回来后能够与业界分享。成熟的商业协会是市场经济治理和规则制定的重要主体之一，了解国际动态、提高在国际行业组织的话语权也是国内保理业快速发展中不可或缺的一个环节。

3. 商业保理的创新产品成为普惠金融落脚点。商业保理的服务对象从过去的贸易行业发展到物流行业、零售业、制造业及其他服务业，弥补了很多金融服务的空白点，支持了实体经济的发展，受到了政府和业界的欢迎，特别是在供应链融资中发挥了很大的作用，以往部分中小企业难以获得银行授信只能转向民间高利贷，然而高额的利息几乎吞没企业全部利润，商业保理商的出现为中小企业提供了一个新的融资渠道。

第二，在商业保理发展的最好时机，应着力解决其发展"瓶颈"问题。商业保理能得到八部委联合发文支持、总理在办公会上强调其重要性，说明它符合中国实际，对中国实体经济发展非常重要。上海浦东的一位领导对商业保理的评价是，为新、小、微型企业发展注入了新鲜血液，挽救了100多万家小企业。他说，随着自贸区建设的深入推进，浦东涌现出一批来自国内外、风控体制健全、风险资产低、在产业链和供应链中循环开展业务的商业保理骨干企业。大力发展商业保理，创新贸易融资方式和金融服务功能已经成为浦东推进上海自贸区服务业扩大开放、加快国际贸易中心和金融中心建设的重要举措。我在深圳调研时，深圳商业保理协会会长无奈地对我说："我们商业保理商不会骗别人钱，只会被别人骗，我们用自有和筹集的资金购买中小企业的应收账款，支持了它们的发展，但我们自身却面临融资难题，还有大量中小企业应收账款得不到支持。"

在此我想呼吁中国的商业银行能为此作出贡献。参考美国和中国台湾的经验，商业保理商再融资最方便的做法有三种：

1. 向商业银行做资产支持贷款（ABL），即以应收账款做质押向银行贷款；

2. 资产证券化，即以应收账款资金池向银行融资；

3. 商业保理商向银行作再保理。

以上方式是最便捷的保理商融资方式，需要银行和保理商共同探讨完善，也需要监管部门和有关管理部门的支持。我相信，如果我们把保理作为普惠金融的抓手来对待就能解决好这一问题。因为我发现，商业保理在普惠金融方面做得有声有色，但其融资却出现"瓶颈"，目前中介介绍的保理商再融资方式过于复杂，成本也一定很高，不利于商业保理商和中小企业的发展。

台湾保理业务专家丛树人先生关于商业保理商和金融机构在保理业务中如何各司其职的观点是，保理作为服务的本质，商业保理商和银行应该发挥各自的比较优势，商业保理商应做保理的活儿，收款对账、账款管理，顶多再加上一个担保买方信用风险，要做这些必须要有一个专职且专业的团队才能完成。金融的活儿就简单多了，"借钱还钱"是金主仅有的唯一追求。帮助客户管理账户对专业化要求较高，而银行在现行体制下很难成立一个专业的保理事业中心。丛先生对保理业务的主张是："保理商干保理商的活，金主干金主的活，保理商不必是金主，金主也不必是保理商"。我的建议是，将那些新设立的企业、小企业、微型企业及很难从银行获得贷款的企业，由商业保理商做账户管理，然后向银行再融资或再保理，形成合作的普惠金融模式。

第三，虽然业界实践瞬息万变，但是国际惯例是相对稳定的，书中对国际惯例 GRIF 的解读应当说是比较权威的，对于那些立志走出国门的商业保理公司来说具有较高的参考价值，还有附件中列出的 FCI 保理协议模板也方便商业保理公司在开展国际业务时进行比对和借鉴，此外，案例分析中对一些具有典型代表意义的业务风险、业务模式进行了总结和点评，也具有较高的参考价值，应当说这些内容是本书的核心亮点，希望能对商业保理公司的经营实践起到有益的启发。

最后，我再强调两点：一是本书为课题组全体同仁智慧和心血的结晶；二是尽管我们尽最大努力来客观、公正、全面地对业界实践作出解读，但书中难免有不足和偏颇之处，期待业界同行们能批评指正。同时，也衷心地希望本书能起到抛砖引玉的作用，引起社会各界对保理这一新兴行业的广泛关注和探讨，让我们为中国保理行业的健康繁荣发展共同努力！

张燕玲
2017 年 1 月于海南

中国人民大学重阳金融研究院
图书出版系列

智库作品系列：

《"一带一路"故事系列丛书》 （7本6大语种）		外文出版社	2017.05 出版
《一带一路：中国崛起的天下担当》	王义桅　著	人民出版社	2017.04 出版
《在危机中崛起：美国如何实现经济转型》	刘戈　著	中信出版集团	2017.04 出版
《绿色金融与"一带一路"》	中国人民大学重阳金融研究院、中国人民大学生态金融研究中心　著	中国金融出版社	2017.04 出版
《破解中国经济十大难题》	中国人民大学重阳金融研究院　著	人民出版社	2017.03 出版
《伐谋：中国智库影响世界之道》	王文　著	人民出版社	2016.12 出版
《人民币为什么行》	王文　贾晋京　编著	中信出版集团	2016.11 出版

《中国—G20（大型画册）》	中国人民大学 重阳金融研究院　著	五洲传播出版社	2016.08 出版
《G20 问与答》	中国人民大学 重阳金融研究院　著	五洲传播出版社	2016.08 出版
《全球治理的中国方案》	辛本健　编著	机械工业出版社	2016.08 出版
《"一带一路"国际贸易支点 城市研究（英文版）》	中国人民大学 重阳金融研究院　著	新世界出版社	2016.08 出版
《2016：G20 与中国 （英文版）》	中国人民大学 重阳金融研究院　著	新世界出版社	2016.07 出版
《世界是通的—— "一带一路"的逻辑》	王义桅　著	商务印书馆	2016.06 出版
《一盘大棋—— 中国新命运的解析》	罗思义　著	江苏凤凰文艺 出版社	2016.04 出版
《美国的焦虑：一位智库学者 调研美国手记》	王文　著	人民出版社	2016.03 出版
《2016：G20 与中国》	中国人民大学 重阳金融研究院　著	中信出版集团	2016.02 出版
《"一带一路"国际贸易新格 局："一带一路"智库研究蓝 皮书 2015—2016》	中国人民大学 重阳金融研究院　主编	中信出版集团	2016.01 出版
《G20 与全球治理：G20 智库 蓝皮书 2015—2016》	中国人民大学 重阳金融研究院　主编	中信出版集团	2015.12 出版
《"一带一路"国际贸易支点 城市研究》	中国人民大学 重阳金融研究院　著	中信出版集团	2015.12 出版
《从丝绸之路到欧亚大陆桥》	黑尔佳·策普－拉鲁什， 威廉·琼斯　主编	江苏人民出版社	2015.10 出版

《财富新时代—— 如何激活百姓的钱》	王永昌　主编	中国经济出版社	2015.07 出版
《生态金融的发展与未来》	陈雨露　主编	人民出版社	2015.06 出版
《构建中国绿色金融体系》	绿色金融 工作小组　著	中国金融出版社	2015.04 出版
《"一带一路"机遇与挑战》	王义桅　著	人民出版社	2015.04 出版
《重塑全球治理—— 关于全球治理的理论与实践》	庞中英　著	中国经济出版社	2015.03 出版
《金融制裁—— 美国新型全球不对称权力》	徐以升　著	中国经济出版社	2015.01 出版
《大金融与综合增长的世 界—— G20 智库蓝皮书 2014—2015》	陈雨露　主编	中国经济出版社	2014.11 出版
《欧亚时代—— 丝绸之路经济带研究蓝皮书 2014—2015》	中国人民大学 重阳金融研究院　主编	中国经济出版社	2014.10 出版
《重新发现中国优势》	中国人民大学 重阳金融研究院　主编	中国经济出版社	2014.08 出版
《谁来治理新世界—— 关于 G20 的现状与未来》	中国人民大学 重阳金融研究院　主编	社会科学文献 出版社	2014.01 出版

学术作品系列：

《从万科到阿里——分散股权 时代的公司治理》	郑志刚　著	北京大学出版社	2017.04 出版
《金融杠杆与宏观经济：全球 经验及对中国的启示》	中国人民大学 重阳金融研究院　著	中国金融出版社	2017.04 出版

《DSGE 宏观金融建模及政策模拟分析》	马勇　著	中国金融出版社	2017.02 出版
《金融杠杆水平的适度性研究》	朱澄　著	中国金融出版社	2016.10 出版
《金融监管与宏观审慎》	马勇　著	中国金融出版社	2016.04 出版
《中国艺术品金融 2015 年度研究报告》	庄毓敏、陆华强、黄隽　主编	中国金融出版社	2016.03 出版

金融下午茶系列：

《有趣的金融》	董希淼　著	中信出版集团	2016.07 出版
《插嘴集》	刘志勤　著	九州出版社	2016.01 出版
《多嘴集》	刘志勤　著	九州出版社	2014.07 出版
《金融是杯下午茶》	中国人民大学重阳金融研究院　主编	东方出版社	2014.04 出版